Karl Launhardt

Männer, die mit der Bibel lebten

Martin Luther, Hermann Menge, Erich Sauer, Elias Schrenk

Verlag der
Liebenzeller Mission
Lahr

Die Deutsche Bibliothek – CIP-Einheitsaufnahme

Launhardt, Karl:
Männer, die mit der Bibel lebten : Martin Luther, Hermann Menge,
Erich Sauer, Elias Schrenk / Karl Launhardt. – Lahr : Verl. der
Liebenzeller Mission, 1997
    (TELOS-Bücher ; Nr. 7759 ; TELOS-Taschenbuch)
    ISBN 3-88002-635-1

TELOS-Bücher
TELOS-Taschenbuch 7759

© Copyright 1997 by Edition VLM
im Verlag der St.-Johannis-Druckerei
Umschlaggestaltung: Grafisches Atelier Arnold, 72581 Dettingen
Gesamtherstellung:
St.-Johannis-Druckerei C. Schweickhardt, 77922 Lahr
Printet in Germany   13180/1997

Inhalt

Vorwort

Die in diesem Buch enthaltenen Lebensbilder waren ursprünglich Vorträge, die anläßlich von Semesterschlußfeiern des Theologischen Seminars der Liebenzeller Mission von Pfarrer Launhardt gehalten wurden.

Diese Vorträge wurden anhand eines Stichwortverzeichnisses frei gehalten und liegen nun hier als Buch vor. Ein bekannter Literaturkritiker der Gegenwart hat es in einer ähnlichen Situation so formuliert: Es ist kein »geschriebenes«, sondern ein »gesprochenes« Buch.

Dank allen, die sich um die Drucklegung und Herausgabe dieser Lebensbilder gemüht haben, besonders auch den Lektoren, die mit großer Umsicht und Gründlichkeit dafür sorgten, daß der ursprüngliche Redetext nun auch gut und leicht zu lesen ist.

Martin Luther und die Bibel

Es geht um die Übersetzungsarbeit an der Bibel, die Luther vollzogen hat. Es hat einmal jemand gesagt: Die Bibel selbst ist schon eine Verdolmetschung. Hier ist die Sprache der Ewigkeit in die Sprache der Zeit übersetzt. Gott hat das Schweigen der Ewigkeit gebrochen, und nach Hebräer 1,1 hat er in früheren Zeiten auf mancherlei Weise geredet, zunächst zu den Vätern – das bringt das hebräische Alte Testament – und abschließend und zuletzt und entscheidend durch den Sohn und seine Apostel – das bringt das griechische Neue Testament. Beide Testamente, als Bibel zusammen vereinigt, sind uns Menschen übergeben als Licht auf unserem Wege. Jedes Volk hat die Aufgabe, das Wort Gottes in seine Muttersprache zu übersetzen. Wir können wohl mit Fug und Recht sagen, die entscheidende, wichtige und klassische Übersetzung ist eben doch die Übersetzung D. Martin Luthers.

Überblick über Bibelübersetzungen vor Luther

Ich nenne kurz die berühmten klassischen Übersetzungen. An erster Stelle steht die sogenannte Septuaginta, nämlich die Übersetzung des hebräischen Alten Testaments ins Griechische. Das Wort Septuaginta ist ein lateinisches Zahlwort und bedeutet die Zahl 70. Nach einer Überlieferung sollen nämlich 70 Gelehrte in 70 Tagen das Werk der Übersetzung vollbracht haben. Begonnen wurde diese Übersetzung im Jahr 275 v. Chr.

Der Anlaß war, daß viele Diaspora-Juden, die in Ägypten wohnten, ganz in der griechischen Kultur aufgegangen waren, ihr Hebräisch verlernt hatten und kaum noch fähig waren, die Heiligen Schriften des Alten Testamentes in der Ursprache zu lesen. Daraufhin hat König Ptolemäus II. veranlaßt, daß das hebräische Alte Testament in das Griechische übersetzt wurde. Diese Übersetzung wurde in Alexandrien begonnen. Übrigens haben die Schriftsteller des Neuen Testaments die altestamentlichen Zitate meistens nach der Septuaginta übersetzt, nicht nach dem hebräischen Text.

Die zweite klassische Übersetzung ist die sogenannte Vulgata. Zu deutsch »die allgemein Verbreitete«. Es ist die Übersetzung der Gesamtbibel in die lateinische Kirchensprache. Sie wurde um 400 n. Chr. von dem Kirchenvater Hieronymus in Bethlehem bewerkstelligt. Sie ist auch heute noch die kanonische und maßgebende Übersetzung der römisch-katholischen Kirche.

Nun kommen wir zu den Germanen. Die dritte bekannte Bibelübersetzung ist die berühmte Gotenbibel des Bischofs Ulfilas oder Wulfila, um 380 n. Chr. Sie trägt den Namen Codex argenteus, der silberne Codex, weil auf purpurfarbenem Pergament die Schrift in silbernen Schriftzeichen niedergelegt wurde. Einige Bruchstücke dieses Codex argenteus sind in der Universitätsbibliothek in Uppsala in Schweden heute noch zu sehen. Diese Gotenbibel ist übrigens das älteste Denkmal der gesamten deutschen Literatur.

Dann wäre von Kaiser Karl dem Großen, der um 800 lebte, zu erwähnen, daß auf seine Veranlassung hin die vier Evangelien und die Psalmen ins Althochdeutsche übersetzt wurden. Außerdem hat er die liturgischen Stücke der Heiligen Messe übersetzen lassen. Im Mittel-

alter hat man sich eigentlich gar nicht mehr um Übersetzungen gemüht. Erst gegen Ende des Mittelalters kamen
verschiedene Übersetzungen ins Deutsche heraus. Sie
sind im Vergleich mit der Luthersprache mangelhaft und
holperig. Auch liegen ihnen nicht die Ursprachen zugrunde. Man hat einfach die Vulgata übersetzt, die selbst
schon eine Übersetzung ist. Unser Religionslehrer hat
uns Jungen damals gesagt: »Ja, was würdet ihr so denken, wenn man Wasser trinken will, ob man das Wasser
aus einem abgestandenen Eimer nimmt, der schon ein
paar Tage da steht, oder ob man frisches Quellwasser
holt? Das ist ein Unterschied. Beides ist H$_2$O, und doch
besteht ein Unterschied, jedenfalls im Geschmack.«
Ebenso ist es ein Unterschied, ob bei einer Übersetzung
der hebräische und der griechische Urtext verwendet
werden, oder ob aufgrund einer anderen Übersetzung
übersetzt wird. Ein katholischer Theologieprofessor,
Ignaz von Döllinger, hat einmal diese Bemühungen mit
einem treffenden Satz gekennzeichnet: »Alle diese Leute stammelten, aber Luther redete.« Eine solche Bibel –
es war noch nicht die Buchdruckerkunst erfunden – war
damals sehr teuer. Sie kostete 10 Gulden, umgerechnet
konnte man dafür drei fette Ochsen kaufen. Die Amts-
kirche hat sich überhaupt nicht um die Übersetzung der
Bibel gekümmert. Nicht weil sie diese verachtet hätte,
sondern aus zu großer Ehrfurcht. Sie hat Prachtausgaben
der lateinischen Bibel mit wunderbaren Bildern in
großartig verschönerter Schrift herausgeben lassen. Die
Einbände waren mit kostbaren Edelsteinen verziert.
Aber das war alles nur für die Kleriker, das Volk sollte
die Bibel gar nicht in die Hand bekommen. Nun ist es
mit der Bibel nach einem Wort des Predigers Salomo
(Kapitel 3, Vers 11) gegangen: »Er hat alles schön ge-

macht zu seiner Zeit« (Menge: vortrefflich eingerichtet).
Dies zeigt das Folgende:

Für die Reformation war es ein großes Geschenk, daß
kurz vorher von Johannes Gutenberg die Buchdruckerkunst erfunden worden war. Er lebte von 1400 bis 1467
in Mainz. Zuerst druckte er im Jahr 1450 eine kleine
lateinische Grammatik. Aber dann stürzte er sich auf
sein Hauptwerk, den Druck der Bibel. 1455 hat er die
Vulgata, also die ganze Voll-Bibel, hergestellt. So können wir mit einem gewissen Stolz sagen: Das erste
gedruckte Buch der Weltgeschichte ist eine Bibel gewesen.

Das waren die Übersetzungen vor Luther.

Luthers Weg zur Bibel

Luther hat schon früh als Schüler im Religionsunterricht
mit der Bibel Bekanntschaft gemacht. Vor allen Dingen
war er ein treuer Kirchgänger. Die heilige Messe
beinhaltete große Teile der Bibel, Abschnitte der Episteln und der Evangelien. Die kannte Luther alle. Doch
mehr wußte er von der Bibel nicht. Er war sehr erstaunt,
als er in Erfurt als Student zum ersten Mal eine ganze
Bibel sah. Er staunte zuerst einmal, wie dick und um-
fangreich das Buch war. Er kannte ja nur die wenigen
Evangelien und Episteln. Und vor allen Dingen: Er las
und stellte fest, wie fesselnd dieses Buch ist. Nun mußte
er sich mit der Bibel beschäftigen. Im Kloster, als seine
Klosterkämpfe begannen und er um den Frieden mit
Gott rang, hat ihm sein Ordensvikar und Seelsorger
Johannes von Staupitz immer wieder geraten: Martinus
lies die Bibel, sie wird dich trösten.

1512 wurde Martin Luther als Professor der Heiligen Schrift an die Universität Wittenberg berufen, nachdem er dort schon seit 1508 Philosophie lehrte. Jetzt war die Beschäftigung mit der Bibel seine Haupt- und Lebensaufgabe geworden. Damals, in jenen Jahren nach 1512, fand sein entscheidendes »Turmerlebnis« statt. Es ging ihm um die Gerechtigkeit, die vor Gott gilt. Ich will es kurz skizzieren. Luther verstand, wie seine Zeit, unter dieser Gerechtigkeit, unter der »justitia dei« (Gerechtigkeit Gottes) die fordernde und die verdammende Gerechtigkeit. Gott fordert, der Mensch kann die Forderungen nicht erfüllen, der Mensch wird verdammt. Darunter hat er entsetzlich gelitten, bis ihm bei der Lektüre des Römerbriefs (Kap. 1,17): »Der Gerechte wird aus Glauben leben«, auf einmal die kopernikanische Erkenntnis aufging: Es geht im Neuen Testament gar nicht um fordernde, strafende und verdammende Gerechtigkeit, sondern um die schenkende, die den Sünder begnadigende Gerechtigkeit aufgrund des Verdienstes Jesu Christi. Wenn ich mich im Glauben auf die Seite Jesu stelle und sein Opfer als für mich geschehen annehme, diese Wohltat, wie der Heidelberger Katechismus sagt, dann betrachtet mich Gott, als hätte ich nie eine Sünde begangen, sondern den ganzen Gehorsam geleistet, den Christus geleistet hat. Das heißt: Ich bin angenommen, obwohl ich ein Sünder bin. Ich bin gerechtfertigt. Als Luther das erkannte, waren seine Kämpfe zu Ende. Er fühlte sich wie neugeboren, als hätten sich die Pforten des Paradieses ihm aufgetan. Die ganze Bibel bekam für ihn ein neues Gesicht. Das Wort »justitia dei« – Gerechtigkeit Gottes –, das er vom Grund seiner Seele gehaßt hatte, wurde ihm auf einmal das liebste Wort.

Man kann sagen: Ehe Luther an die Arbeit mit der

Bibel ging, hat zunächst einmal die Bibel an ihm selbst gearbeitet. In seinem großen Ringen um den Frieden mit Gott und um die Gerechtigkeit, die vor Gott gilt, ist er durch tiefe Anfechtung gegangen. Er sprach von höllischen Anfechtungen. Wenn sie noch eine halbe Stunde gedauert hätten, wäre er ganz vergangen und seine Gebeine wären zu Asche geworden. Ja, er schreibt: »Meine Seele war mit Christus am Kreuz ausgespannt.« Wir brauchen nur an das Lied zu denken: »Nun freut euch, lieben Christen g'mein . . .« Dort bekennt er: »Mein guten Werk, die galten nicht, es war mit ihn verdorben; der frei Will haßte Gott's Gericht, er war zum Gut'n erstorben; die Angst mich zu verzweifeln trieb, daß nichts denn Sterben bei mir blieb, zur Hölle mußt ich sinken.«

Das war, kurz skizziert, Luthers Weg zur Bibel.

Das September-Testament von 1522

Es ist die Übersetzung des Neuen Testamentes.
Sie begann im Jahre 1521.

Die geschichtliche Situation ist bekannt. Luther war damals, wir würden heute sagen: in Schutzhaft auf der Wartburg. Wie kam es dazu? Auf dem Reichstag zu Worms hatte er sein Bekenntnis abgelegt, das wir alle kennen. Als einziger stand er vor Kaiser und Reich, vertrauend auf die Wahrheit, die er vertrat. Als der Reichstag zu Worms zu Ende war und viele evangelische Fürsten schon abgereist waren, hat man mit dem Rest, der noch da war, den schon in den Kirchenbann getanen Luther, der also schon aus der Kirche ausgeschlossen war, nun auch in die Reichsacht erklärt. Er wurde ein Mensch, der vogelfrei war, den jeder, der ihn fand, ungestraft töten konnte. Luther befand sich jetzt in einer äußerst kritischen, lebensgefährlichen Situation. Darum hat am 3. Mai auf seiner Heimreise nach Wittenberg sein Kurfürst Friedrich der Weise durch einen fingierten, vorgetäuschten Überfall ihn im Thüringer Wald überfallen und festnehmen lassen. Es sollte so aussehen, als ob die Feinde ihn geraubt und mitgeschleppt hätten. Er wurde als »Junker Jörg« auf die Wartburg gebracht, wo er zehn Monate leben mußte. In dieser Zeit ist Luther nicht untätig gewesen. Er hat z. B. die große Kirchenpostille abgefaßt, Predigten über die Evangelien und Episteln des Kirchenjahres. Dieses Buch sollte für die aus der katholischen Kirche kommenden Pfarrer eine Anleitung zu einer biblischen Wortverkündigung sein.

Da kam ein großes Ereignis auf ihn zu. Im Jahr 1516 hatte der Humanist Erasmus von Rotterdam ein griechisches Neues Testament aufgrund der damals bekannten Handschriften in Basel herausgegeben. Dieses war, so wie wir heute das griechische Neue Testament von Nestle-Aland haben, ein authentischer griechischer Text. Luther hat nach diesem Text das Neue Testament übersetzt. Das Besondere war, daß er – das sagen vor allen Dingen die Philologen, die Germanisten und alle, die sich mit deutscher Literatur beschäftigen – damit eine Einheitssprache für alle Deutschen geschaffen hat. Deutschland war damals in zahllose Kleinstaaten zerspalten, und jeder dieser Kleinstaaten hatte seine eigene Mundart. Nun hat Luther die sächsische Kanzleisprache zur deutschen Einheitssprache gemacht. Damit war ein großes geistiges Band bei aller Vielstaaterei um alle Deutschen geschlungen.

Der Historiker Karl Lamprecht – er ist im Jahr 1915 gestorben – hat in seiner »Deutschen Geschichte« geschrieben: Was Homer (er war ein griechischer Dichter um 800 v. Chr.) den Griechen, diesen zersplitterten Stämmen gab, ein einheitliches Band der Kultur und der Sprache, was im Mittelalter Dante dem zerspaltenen Italien gab, auch ein einheitliches Band, das hat Martin Luther den deutschen Stämmen gegeben. Bei aller Kleinstaaterei waren sie jetzt eine Nation durch eine gemeinsame deutsche Sprache. Ernst Moritz Arndt, der im vergangenen Jahrhundert lebte, hat einmal das Wort gesprochen: »Luther hat die deutsche Sprache für ewige Zeiten mit dem Stempel der Majestät versehen. Wer künftig deutsch reden und dichten will, wird sich wohl an ihn halten müssen.« Conrad Ferdinand Meyer hat in einem Gedicht die Verse geschrieben:

»Gern hör ich deiner Sprache, Luther, zu.
Wer braucht das Wort gewaltiger als du?
Die Feuerzungen wehen, Fest Pfingsten flammt,
Martinus tritt in das Apostelamt.
Der Sturm erbraust, und jede Sprache tönt,
wie tief das Erz der deutschen Zunge dröhnt.«

Ja, das merken wir bei Luther, welche Schönheit und Gewalt die deutsche Sprache hat. Es ist Lessing gewesen, der einmal sagte: »Die Armut unserer Sprache wird uns offenbar, wenn wir die Luther-Bibel aufschlagen.« – Was ist heute aus der deutschen Sprache geworden? Ein bloßes Verständigungsmittel! Wo tönt noch tief das Erz der deutschen Zunge?

Luther hat das Neue Testament in relativ kurzer Zeit übersetzt. Vom Dezember 1521 bis zum März 1522 in

16

sage und schreibe 73 Tagen. Es war eine große Leistung in kurzer Zeit. Im März 1522 mußte er die Wartburg verlassen. Der Kurfürst hatte es ihm verboten, aber er hörte, daß in Wittenberg die Schwärmer und die Bilderstürmer revolutionäres Unheil anrichteten und die Reformation in großen Verruf und bedrohliche Gefahr brachten. Man hat später vernommen, daß eine Reihe von Fürsten sich zusammengetan hatten, um mit Waffengewalt in Wittenberg einzurücken und dem Spuk der Reformation ein Ende zu machen. Kurfürst Friedrich der Weise hatte einen sehr schweren Stand. Er konnte, als alles vorbei war, sagen: »Seht euch an, das ist die Reformation nicht gewesen, diese Geister, die hier waren, sondern etwas ganz anderes war am Werk.« Luther ist entgegen dem Willen seines Kurfürsten nach Wittenberg zurückgekehrt und hat in seinen berühmten Invocavit-Predigten eine Woche hindurch in Wittenberg auf der Kanzel gestanden, vom Sonntag Invocavit, dem ersten Passions-Sonntag an. Die Folge war, daß das gewaltige Zeugnis Luthers diese Menschen machtlos gemacht hatte, daß die Gemeinde Wittenberg wieder zur Heiligen Schrift zurückkehrte und diese Phantasten verjagte. Dies war die Rettung.

Nun kam das Neue Testament heraus. Es trug nur den Titel: »Das Neue Testament, deutsch, Wittenberg«. Es war kein Name angegeben, weder eines Verfassers noch des Übersetzers, des Verlegers, der Druckerei, auch kein Erscheinungsjahr. Es war ein Buch mit schönen Initialen, mit ausgemalten Anfangsbuchstaben. Jedes Buch hatte eine besondere Vorrede, und außerdem waren sehr viele Anmerkungen eingefügt, ähnlich wie in der Stuttgarter Jubiläums-Bibel. Das letzte Buch der Bibel, die Offenbarung des Johannes, war mit 21 Holzschnitten von Lucas Cranach versehen. Der Preis dieses Neuen Testamentes, das von Luther übersetzt worden war, betrug einen halben Gulden, das soll umgerechnet der Wochenlohn eines Zimmergesellen in Wittenberg gewesen sein. Oder wenn man die Kosten auf Lebensmittel bezieht, war es der Preis für 26 Pfund Rind- oder Schweinefleisch, oder 10 Pfund Butter, oder 160 Eier. Es erschien als ein sehr riskantes Unternehmen, das Neue Testament anonym erscheinen zu lassen. Man wußte nicht, wer dahinter steht. Aber alle Befürchtungen erwiesen sich als unbegründet. Im Gegenteil, es fand einen reißenden Absatz. Heute würde man sagen: Das Buch ist ein Bestseller geworden.

Allmählich wurde in Deutschland bekannt, wer der Verfasser war, nämlich der Erzketzer Martin Luther. Nun hat die katholische Seite gesagt: Wir müssen sofort ein Gegenstück herausbringen. Der Herzog Georg von Sachsen hat seinen Dresdner Hoftheologen Hieronymus Emser beauftragt, ebenfalls eine Übersetzung des Neuen Testamentes anzufertigen. Sie ist einige Jahre später, 1527, in Dresden erschienen. Emser hatte sich sehr eng an den Luthertext angelehnt, so daß Martin Luther in seiner cholerischen Art sagte: »Dieser Sudler von Dresden hat mir meinen Text abgestohlen.« Sudler heißt Pfuscher. Emser hat dazu eigene Vorreden geschrieben und auch eigene Anmerkungen gegeben. Nun ist es nicht so gewesen, wie Luther meinte. Er hat ein bißchen stark aufgetragen. Emser hat wirklich das Neue Testament selbst übersetzt. Er hat sogar einige Abweichungen und Ungenauigkeiten verbessert, die sich in der Luther-Übersetzung eingeschlichen hatten und die Luther später auch verbessert hat. Emser hat schon selbst übersetzt, aber er fand keinen besseren Ausdruck. Er konnte das

Neue Testament nicht besser verdeutschen als Martin Luther.

Wer war dieser Hieronymus Emser? Er lebte von 1478 bis 1527 und war ein entschiedener Gegner Martin Luthers. Er hat Luther einen »wüsten Revolutionär« genannt und ihn für den Ausbruch der Bauernkriege verantwortlich gemacht, obwohl Luther das gar nicht war. Er hat auch, als einer der wenigen damals, noch gefordert, die Reformation mit Waffengewalt zu beenden. Nun ist diesem »Sudler von Dresden« ein Lapsus unterlaufen. Er hat nämlich die Holzschnitte Lucas Cranachs zur Offenbarung aus Luthers September-Testament einfach übernommen und gar nicht gesehen, daß Lucas Cranach mit diesen Bildern eine antipäpstliche Bilderpolemik betrieb. Die Stadt Babel, das gottlose Babel, wurde in der Silhouette des heiligen Rom dargestellt. Das Tier aus dem Abgrund, der große Drache und die Hure Babylon, also die widergöttlichen Mächte, waren mit päpstlichen Kronen geziert. Man kann sich die Frage vorlegen: Was mag der einfache katholische Bibelleser gedacht haben, wenn diese widergöttlichen Mächte der Endzeit alle Papstkronen trugen?

Die Übersetzung des Alten Testaments

Kaum war das Neue Testament im Jahr 1522 vollendet, hat sich Luther sofort an die Übersetzung des Alten Testamentes gemacht, die allerdings sehr viel schwieriger war, denn er mußte sich gründlich in die hebräische Sprache hineinlesen. Die AT-Übersetzung war 1534 vollendet. Sie dauerte volle zwölf Jahre. Sie hat diesmal ein richtiges Titelblatt. Es heißt: »Biblia, das ist die ganze Heilige Schrift, deutsch, Martin Luther, Wittenberg, begnadet mit kurfürstlicher zu Sachsen Freiheit, gedruckt durch Hans Lufft, 1534«. Ebenso wie das Neue Testament hatte sie auch wunderbare Initialen, also verzierte Anfangsbuchstaben von Kapiteln und von Büchern. Außerdem enthielt es wieder Vorreden, die Luther jedem Buch vorausschickte, Anmerkungen und eine durchgehende Bebilderung mit 125 Bildern. Luther wollte so wörtlich wie möglich übersetzen, um dem Grundtext gerecht zu werden, aber doch so, daß es nicht holprig klingt, sondern als ein deutsches Buch wirkt. Es ist tatsächlich durch und durch ein deutsches Buch geworden. Luther ist in der Übersetzung sehr großzügig gewesen. Wenn Abraham unter einer Terebinthe saß, hat er ihn unter eine deutsche Eiche gesetzt. So konnte sich der Deutsche etwas vorstellen. Für die Drachme, also eine Münze, hat er, wenn sie genannt wurde, den Groschen eingesetzt. Wenn vom Prokurator die Rede war, hat er dieses Wort mit Landpfleger übersetzt.

Ich wies schon darauf hin, daß die Übersetzung des Alten Testamentes aus dem Hebräischen nicht leicht war. Luther berichtete: Wir haben oft drei bis vier Wochen nach einem einzigen Wort gesucht. Und besonders das Buch Hiob war für ihn ein ganz schweres Buch zum Übersetzen. Er sagt dazu: Wer das Buch Hiob heute lese, lese es glatt, er sehe nicht die Wacken und Klötze, die da drin gelegen haben und die wir beseitigen mußten. Sie hätten manchmal in vier Tagen kaum drei Zeilen hingebracht, und in seiner humorvollen Art meinte Luther, er nehme an, daß das Buch Hiob sich gegen eine Verdeutschung noch mehr gesträubt habe als Hiob gegen den leidigen Trost seiner Freunde. So schwer ist ihm die Übersetzung des Hiob-Buches gefallen. Er hat sich auch

Mühe gemacht, die richtigen Worte und Sachbezeichnungen zu treffen. Er ist zum Fleischer gegangen und hat sich einen Schöps (es ist wohl ein Hammel) auseinandernehmen und sich die einzelnen Eingeweide erklären lassen. Das 3. Buch Mose enthält viele Opfervorschriften. Luther wollte sie recht übersetzen und verständlich machen. So hat er eine ganze Anatomie der Opfertiere gelernt und die betreffenden Worte gesucht.

Er hat sich auch die Kleinodien aus dem fürstlichen Kabinett bringen lassen, die Edelsteine, um etwa in der Offenbarung Johannes, Kapitel 21, das Richtige zu treffen.

Luther hat gewußt, daß die Bibel ein großer Organismus ist. Er hat sie auch mit unserem Körper verglichen. Da gibt es Organe, die sind in erster Linie wertvoll, ohne die wir nicht leben können, und es gibt andererseits Muskeln usw., die auch da sind. So hat er es seinen Lesern sagen wollen, das Wichtigste an der Bibel sei das, »was Christum treibet«. Darum hat er seinen Lesern geraten, sie sollen vor allem das Johannes-Evangelium lesen. Er hat es höher geschätzt als die drei andern, jedoch die andern keineswegs abgewertet. Es sei das rechte, zarte Hauptevangelium. Dann empfahl er die Episteln des Apostels Paulus, voran den Römerbrief, der ihm den Weg zum Leben gezeigt hatte, und den 1. Petrusbrief. »Das sind die Bücher, die dir Christum zeigen und dich alles lehren, was zu wissen not und selig ist.« Das Johannes-Evangelium, der Römerbrief, der 1. Petrusbrief standen in der allerersten Reihe, ohne daß er die anderen Bücher geringgeachtet hätte.

Luther hat in seinem Leben und in seiner Arbeit ständig am Text gefeilt und verbessert. Diese Aufgabe hat ihn sein ganzes Leben hindurch begleitet.

Luther hat die Bibel aber nicht nur als ein Lehrbuch betrachtet, sondern er hat seine ganze Existenz als ein »Hängen am Wort« bezeichnet. Das Wort war für ihn das Entscheidende. Er hat sich einen Textplan aufgestellt, nach dem er jährlich die ganze Bibel von A bis Z zweimal durchgelesen hat. Er hat gesagt, er habe, obwohl er die Bibel kenne, immer wieder etwas Neues entdeckt. In seiner bilderreichen Sprache sagte er: »Die Bibel ist wie ein großer Garten. Ich bin durch den Garten immer wieder gegangen und habe hier ein Bäumchen angeklopft und da eines, und jedesmal sind ein paar Äpfelein oder Birnlein heruntergefallen, die noch oben waren, die ich noch gar nicht entdeckt hatte.« Er hatte einmal sogar gewünscht, daß »meine und aller Lehrer Auslegung unterginge«, also die Leute sollten nicht so viel Kommentare und Bücher über die Schrift lesen, obwohl das auch notwendig ist, aber sie sollten darüber das Wort als das allein Entscheidende nicht vergessen. Was wir schreiben, sei nur ein Gerüst am Bau. In seinem Sterbezimmer hat man auf seinem Tisch einen Zettel gefunden. Es war das Letzte, was er geschrieben hat. »Wer Vergils Hirtengedichte verstehen will, muß vorher fünf Jahre Hirte, und wer Ciceros Reden und Briefe begreifen will, muß fünf Jahre Staatsmann gewesen sein. Wer die Bibel verstehen will, müßte hundert Jahre mit den Propheten und Aposteln die Gemeinden Gottes regiert haben, dann erst kann er verstehen, was die Bibel ist. Wir sind Bettler, das ist wahr.« Das ist das letzte Wort unseres Reformators: »Wir sind Bettler, das ist wahr.«

Die Bedeutung der Bibel

Die Lutherbibel wurde schon zur Zeit Luthers stürmisch verlangt und gedruckt. Man hat geschätzt, daß zu Luthers Lebzeiten etwa eine halbe Million Bibeln gedruckt und verkauft wurden.

Nun könnte man noch über die Bedeutung der Bibel sprechen. In viereinhalb Jahrhunderten sind Segensströme von ihr ausgegangen, besonders in Notzeiten, wie im 30jährigen Krieg oder zu anderen bösen Zeiten. Sie war das große Trostbuch, das den Menschen Halt und Hoffnung gab.

Unsere Philosophen und Klassiker, mögen sie gelehrt haben, was sie wollten, sind nicht denkbar ohne den Inhalt und die Sprachform der Lutherbibel. Paul Gerhardts Dichtungen und Johann Sebastian Bachs Kantaten und Oratorien sind ebenfalls undenkbar ohne die Texte der Lutherbibel. Die Bibel ist nicht nur das erste gedruckte Buch der Weltgeschichte, sie ist tatsächlich auch das Fundament unserer Kultur. Die Deutschen gelten als das Volk der Dichter und Denker. Dazu seien ein paar Hinweise gegeben.

Der große Dichter Goethe schreibt folgenden Satz in »Dichtung und Wahrheit«: »Ich für meine Person halte die Bibel lieb und wert, denn fast ihr allein war ich meine sittliche Bildung schuldig.« Er läßt den »Faust« sprechen: »Wir sehnen uns nach Offenbarung, die nirgends würdiger und schöner brennt als in dem Neuen Testament.« In seiner »Farbenlehre« schreibt er – das gilt besonders für die Pädagogen: »Je höher die Jahrhunderte an Bildung steigen, desto mehr wird die Bibel zum Teil als Fundament, zum Teil als Werkzeug der Erziehung, freilich nicht von naseweisen, sondern von wahrhaft weisen Menschen benutzt werden.«

Als großen Denker nenne ich Immanuel Kant, den man als den bedeutendsten Philosophen der Neuzeit bezeichnet. Kant lebte in Königsberg und ist in seinem Leben über das Stadtgebiet von Königsberg kaum hinausgekommen. Er stammte aus einem gläubigen Elternhaus. In seiner Philosophie finden sich viele biblische Begriffe, die er zum Teil – das muß man auch ehrlich sagen – mit etwas anderen Inhalten gefüllt hat, aber er wußte von einem Sündenfall, vielleicht von einem intelligiblen, der sich in der oberen Welt vollzogen hat. Er spricht vom »radikal Bösen« im Menschen, das für die Aufklärung etwas ganz Unmögliches war. Die Aufklärung meinte, der Mensch sei gut, er sei bildungsfähig. Kant sprach vom radikal, vom wurzelhaft Bösen im Menschen, das eine Wiedergeburt nötig mache, eine Änderung des Herzens, eine »Revolutionierung der Denkungsart«. Dieser Kant hat in Briefen seine Stellung zur Bibel fixiert. In einem Brief an Jung-Stilling, den berühmten Augenarzt der damaligen Zeit, der die ersten Star-Operationen ausführte, schrieb er: »Alle Bücher, die ich gelesen, haben mir den Trost nicht gegeben, den mir das Bibelwort Psalm 23 gab: ›Und ob ich schon wanderte im finstern Tal, fürchte ich kein Unglück, denn du bist bei mir.‹

An eine Gestalt der Französischen Revolution, an einen Abbé (= Abt) Graf Sieyes, der sich damals für die Menschenrechte eingesetzt hatte, schrieb er einen Brief im Jahr 1796. Darin hat er folgendes schlichte Bekenntnis gegeben: »Die Bibel ist mein edelster Schatz, ohne welchen ich elend wäre.«

Wir dürfen zur Kenntnis nehmen, daß bis ins 18.

Jahrhundert die Bibel Luthers die gemeinsame Kultur-
grundlage der Deutschen war. Reiche und Arme, Fürsten
und Gelehrte, aber auch einfache Menschen, sie alle
lasen die Bibel. Sie war die Grundlage ihres Lebens.
Damit ist nicht gesagt, daß sie alle wiedergeborene
Christen waren, aber die Bibel war grundlegend.

Wir müssen heute leider sagen, daß dies nicht mehr
zutrifft. Seit der Zeit der Aufklärung und des Rationalismus ist immer wieder Mißtrauen gegen die Bibel gesät
worden. Voltaire ist dafür beispielhaft. Er lebte zur Zeit
Friedrichs des Großen und saß einige Jahre sogar an
seiner Tafel in Sanssouci. Er meinte, in hundert Jahren
wäre die Bibel nur noch in Raritätenkabinetten und im
Museum unter Glas zu sehen als ein Zeichen für die
Stumpfheit vergangener Geschlechter. Nun wird erzählt
– ich weiß nicht, ob das nun wahr ist, aber es wird
berichtet –: Das Haus in Paris, in dem Voltaire dies Wort
damals niederschrieb, sei auf vielen Umwegen eines
Tages von der Genfer Bibelanstalt aufgekauft worden.
Und dieses Haus – es hört sich wie ein Scherz an –, in
dem Voltaire prophezeit hatte, in hundert Jahren sei die
Bibel nur noch ein Raritätenstück und ein Zeichen des
Aberglaubens früherer Zeiten, wurde von der Genfer
Bibelanstalt von oben bis unten mit Bibeln und Bibel-
teilen angefüllt, die in alle Welt gesandt wurden. Das
Mißtrauen gegen die Bibel und die dauernde Kritik an
ihr hat ihre Wirkung nicht verfehlt.

Auf der einen Seite herrscht eine unglaubliche Unwissenheit über die Bibel. Das werden Sie merken,
wenn Sie sich mit Leuten über die Bibel und göttliche
Dinge unterhalten. Eine unglaubliche Unwissenheit,
während man sonst alle Bildungslücken sorgsam ver-
steckt. Überall will man sein Urteil abgeben, aber Bil-

dungslücken im Blick auf die Bibel nimmt man hin. Bibelwissen ist nicht notwendig. Doch je mehr man von der Bibel abkommt, um so mehr werden auch die Werte im Menschen zerstört. Der innere Halt wird genommen, und das Volk gerät mehr und mehr in die Kulturbarbarei hinein.

Ich schließe mit einem Zitat aus einer Predigt, die Professor Karl Heim im Oktober 1920 gehalten hat. Es war bei einem Bibelfest in Stuttgart. Die Stuttgarter Privilegierte Bibelanstalt feierte wohl ein Jubiläum. Heim brachte ein Zitat aus Luthers Tischreden: »Ich halte, es werde eine große Finsternis kommen nach diesem Licht des Evangeliums (nachdem Deutschland das Evangelium gehabt hat), also daß man das Evangelium nicht mehr wird öffentlich auf der Kanzel hören, und danach wird bald der Jüngste Tag folgen.« Professor Heim hat damals seine Hörer in Stuttgart gefragt: Sind wir schon so weit? Er konnte antworten: Nein, soweit ist es noch nicht, daß das Evangelium von den Kanzeln verschwunden ist. Er gehörte selbst, wie Schlatter, zu den Leuten, die eine bibeltreue Theologie verkündigten. Aber wie sah es im Jahr 1991 und im folgenden Jahr 1992, dem »Jahr der Bibel«, aus? Und wie ist es gegenwärtig bestellt? Ist die Zeit nicht schon weiter vorgeschritten, dem Jüngsten Tag näher gekommen? Wir sind alle miteinander gerufen: Die Bibel ist nicht nur als ein ehrwürdiges Dokument vergangener Zeiten zu sehen, sondern als das Wort Gottes, das wir einem bibelfernen Geschlecht wieder neu anbieten sollen. »Handelt damit, bis daß ich wiederkomme!«

Daß wir doch in dieser Zeit der Finsternis das kostbare Wort des Evangeliums wieder neu auf den Leuchter stellen!

Hermann Menge, der Bibelübersetzer

Bei der Suche nach Lebensbildern bin ich auf diese
beiden Gestalten gestoßen: Hermann Menge und Erich
Sauer. Zunächst einmal hatte ich die beiden miteinander
verglichen: Beide sind engagierte Bibelmenschen gewesen, wenn ich so sagen darf, die von der Einheit und der
göttlichen Inspiration der Bibel überzeugt waren. Der
eine, Menge, war der Übersetzer der Bibel, der andere,
der in tiefschürfenden Bibelstudien nach dem Heilsplan
Gottes gesucht hat und seltsamerweise auch die Menge-
Bibel gern benutzt hat, schreibt in einem seiner Bücher
im Vorwort: »Alle Bibelstellen in diesem Buch sind,
soweit nicht anders vermerkt, nach der Menge-Bibel
zitiert.« Also irgendwie gehören die beiden auch zusammen. Beide haben im norddeutschen Raum gelebt:
Menge in Braunschweig, in der Umgebung von Braunschweig, Erich Sauer im Oberbergischen Land. Sie sind
beide im 19. Jahrhundert geboren. Sauer allerdings gerade noch so vor Torschluß, am 31. Dezember 1898. Er
hat also gerade noch ein Jahr mitbekommen vom 19.
Jahrhundert, während Menge schon im Jahre 1841 zur
Welt gekommen war. Einige Jahrzehnte lang sind die
beiden Männer auch Zeitgenossen gewesen. Erich Sauer
ist mit sechzig Jahren schon gestorben, und seltsamerweise genau mit sechzig Jahren hat Hermann Menge
seinen Dienst, sein Amt als Gymnasialdirektor, niedergelegt, und jetzt fing für ihn die eigentliche Lebensarbeit
an, durch die er so bekannt geworden ist. Gott hat ihm in
seiner Gnade volle 37 Jahre noch dazugelegt. So erreichte er ein außergewöhnlich hohes Lebensalter von 97

Jahren und konnte fast bis zuletzt noch tätig sein. Nun zunächst zu dem ersten Abschnitt:

Kindheit und Jugend von Hermann Menge

Am 7. Februar 1841 ist er in Seesen als sechstes Kind seiner Eltern geboren. Sein Vater war Registrator am Amtsgericht, seine Mutter eine Offizierstochter, geborene Schade. Der Vater war verwitwet. Er brachte zwei Töchter aus der ersten Ehe mit in die Familie, und dann wurden dem Ehepaar noch vier Kinder geschenkt, von denen Hermann das jüngste war. Die Eltern hat Hermann Menge in dankbarer Erinnerung als pflichttreue, gewissenhafte Eltern. Es wurde der Familie durch eine unverhoffte Erbschaft die Möglichkeit gegeben, an ihrem Wohnort ein eigenes Haus mit Garten zu erwerben. Hermann Menge hat zunächst die Bürgerschule, dann die Realschule in Seesen besucht. 1856 wechselte er auf das Gymnasium in Braunschweig. Er war damals 15 Jahre alt. In den Sprachen, in denen er ja nachher der große Meister war, war er zunächst ein sehr schlechter Schüler. Seine erste Lateinarbeit bekam er zurück mit der Bemerkung: »sub censura«, d. h. unkorrigierbar, sie wimmelte von Fehlern. Aber es dauerte nicht lange, da war Hermann der Klassenprimus, der Erste in der Klasse in den Sprachen. 1860 machte er als 19jähriger das Abitur, studierte dann an der Universität Göttingen alte Sprachen und Geschichte. Durch Stipendien und Erteilung von Privatstunden (Nachhilfeunterricht) hat er sich so durchgeschlagen, denn die Eltern konnten ihm finanziell wohl nicht das alles darreichen, was er brauchte.

1863 promovierte er zum Doktor phil., und 1864 legte er im Alter von 23 Jahren das Staatsexamen ab.

Im Schuldienst

Seine erste Stelle erhielt Hermann Menge am Gymnasium zu Helmstedt. Der Direktor war ein schlimmer Mann, der ein Luderleben führte und ein fürchterlicher Haustyrann für seine Frau und seine dreizehn Kinder war. Für seine Amtskollegen war er kein leichter Vorgesetzter. Aber Hermann Menge hatte ein ausgeglichenes, ruhiges Wesen, so daß er mit dem Direktor einigermaßen auskam. Die Behörde, mit der Menge in Berührung stand und die ihn auch sehr schätzte, hatte ihm eines Tages einen Auftrag gegeben, der sich merkwürdig anhörte; wenn er es selbst nicht erzählt hätte, könnte man es kaum glauben. Es wurde ihm der Auftrag gegeben, an der Schule Unterricht in Hebräisch für die jungen Primaner, die das theologische Studium in Aussicht genommen hatten, zu erteilen. Aber er kannte diese Sprache ja überhaupt nicht. Zur Zeit meines Studiums war es so: Wenn ein Theologe hebräischen Unterricht geben sollte, dann genügte es nicht, daß er einmal als Student die hebräische Prüfung abgelegt hatte, das sog. Hebraicum, es genügte auch nicht, daß er die beiden theologischen Prüfungen absolviert hatte, sondern er mußte noch eine besondere Befähigung in der hebräischen Sprache nachweisen, dann bekam er die sog. Fakultas zum Hebräisch-Unterricht. Jedenfalls hat die Behörde das von ihm verlangt. Er hat natürlich zuerst protestiert und gesagt, das kann ich ja gar nicht. Und da haben die Vorgesetzten gesagt: »Fangen Sie nur ruhig an, die Direktion übernimmt die Verantwortung.« Da stellte er sich vor seine jungen Primaner und sagte: Meine lieben jungen Freunde, ich habe den Auftrag, Sie in Hebräisch zu unterrichten, aber ich muß Ihnen ein Geständnis machen: ich weiß genau so viel bzw. genau so wenig von der hebräischen Sprache wie Sie. Ich kenne keinen einzigen Buchstaben. Ich kenne kein einziges Wort, von der Grammatik ganz zu schweigen, aber ich mache Ihnen einen Vorschlag: Wir bilden zusammen eine Arbeitsgemeinschaft, und in dieser Arbeitsgemeinschaft wollen wir uns gemeinsam die Kenntnisse der hebräischen Sprache aneignen. Nun, das schuf eine ganz große Basis des Vertrauens mit den Primanern, und sie haben es wohl anscheinend recht gut hingebracht.

Menge hatte hohe pädagogische Gaben. Er konnte den Stoff klar, einfach, lebendig darstellen. Der Direktor hätte ihn gern zu seinem Schwiegersohn gemacht, aber Menge schien keine Neigung zu zeigen, eine dieser vielen Töchter zu heiraten. Und das hat ihm natürlich Schwierigkeiten gebracht. Der Direktor hat nun reagiert mit Schikanen, Zurücksetzungen und allen möglichen Dingen, die man vielleicht so im Schuldienst den jungen Kollegen antun konnte, und Menge war froh, daß er im Jahr 1866 zum Unterricht am Gymnasium zu Holzminden versetzt wurde. Er war 25 Jahre alt. Hier fand er bessere Verhältnisse. 1876, also 10 Jahre später, trat er seinen Lehrdienst am Gymnasium zu Sangershausen an. Er war damals 35 Jahre alt. Das sei die schönste Zeit seines Berufslebens gewesen, so hat er später gesagt. Damals erhielt er auch den Professorentitel. Das war eine besondere Auszeichnung, weil er ja auch Lehrbücher herausgegeben hatte. Später ist das so gewesen, daß alle »Oberlehrer« – so nannte man sie damals, nicht

»Studienräte« –, nach einer gewissen Dienstzeit mit dem Professorentitel ausgezeichnet wurden. Nach dem Tode des Direktors in Sangershausen wurde er zum Gymnasialdirektor befördert. 1894 wurde er Direktor am Gymnasium im Wittstock. Im Jahre 1900, er war also damals 59 Jahre alt, zeigten sich bei ihm einige Krankheitsbeschwerden. Der zuständige Kreisarzt hat zur frühzeitigen Pensionierung geraten, und so ist Hermann Menge mit etwa 60 Jahren in den Ruhestand gegangen. Er hat aber damals noch nicht geahnt, daß seine eigentliche Lebensarbeit jetzt erst beginnen sollte.

Menges Familienleben

Aus seinem privaten Leben ist folgendes zu berichten:

Im Jahr 1867 hat er sich mit Marie Hoffmeister verheiratet. Sie war die Tochter eines Landwirts und Gutsbesitzers in Holzminden. Dort konnten sie ein eigenes Haus erwerben. Der Ehe wurden vier Kinder geschenkt, ein Sohn und drei Töchter. Es herrschte ein fröhlicher Geist, aber auch ein Geist der Ordnung. Die Kinder mußten im Haushalt mithelfen; jedes bekam seinen Arbeitsbereich zugewiesen. Menge erlebte in seiner Familie große Freude.

Sie hatten allerdings ein Sorgenkind, das war der Sohn Hans. Der litt unter der krankhaften Sucht der Kleptomanie, d. h. er eignete sich alle Gegenstände an, die er irgendwo sah, auch wenn er diese Dinge nicht immer brauchte. Das hat natürlich ihn und die Familie und auch den Herrn Gymnasialdirektor in eine etwas schwierige Situation gebracht. Es wurde nun alles versucht, den Jungen von seiner krankhaften Neigung zu heilen. Sie haben ihn sogar ins Rauhe Haus nach Hamburg geschickt und haben ihn den Beruf des Druckers erlernen lassen; aber es half alles nichts. Dann haben die Angehörigen das getan, was damals in solchen Fällen üblich war, wenn man mit einem Jungen nicht fertig wurde: Man hat ihn einfach nach Amerika geschickt. Eine Schiffskarte nach Amerika, und dort waren die beiden Möglichkeiten: Entweder kommt er ganz unter die Räder, oder er kommt irgendwie zurecht. Glücklicherweise ist er zurechtgekommen. Er hat eine Deutsch-Amerikanerin kennengelernt, die er heiratete, und diese Ehe hat sehr positiv und auch heilsam auf seine Kleptomanie gewirkt. Als er 47 Jahre alt war, hatte er den Wunsch, zu seinen Eltern und Geschwistern nach Deutschland zu reisen. Die alten Eltern freuten sich auch sehr auf das Wiedersehen mit ihrem einzigen Sohn. Aber er erkrankte an irgendeiner Gehirnerkrankung und ist dann schnell gestorben, so daß ihm ein Wiedersehen mit den Eltern und Geschwistern nicht mehr geschenkt war.

Seinen Ruhestand hat Hermann Menge in Braunschweig und Harzburg verbracht. Aber die beiden Orte waren ihm wohl zu laut, und schließlich ist er nach Goslar, der Kaiserstadt, gezogen. Dort hat er sich wohl gefühlt. In der Thomasstraße, einer wunderbaren Allee mit großer Stille, hat er eine Wohnung gefunden, von der er gesagt hat, sie sei sein Paradies auf Erden, bis sich ihm die Pforten des himmlischen Paradieses auftun werden.

Vom Gymnasialdirektor zum Bibelübersetzer

Zunächst ist zu sagen, daß Hermann Menge nicht nur im Schuldienst tätig war, also nicht nur im Unterrichten, sondern er ist auch literarisch tätig gewesen. Er hat eine Reihe von Lehrbüchern und Wörterbüchern für die lateinische und griechische Sprache, sein Fachgebiet, herausgegeben. Diese Bücher wurden von erfahrenen Fachleuten im Schuldienst sehr gelobt und empfohlen. Im Jahre 1914 ist eine Grammatik der lateinischen Sprache von ihm erschienen in zehnter Auflage, ein Zeichen, daß dieses Buch guten Eingang gefunden hatte. Als ich Student war, habe ich mir für den hebräischen Unterricht ein ganz schlichtes Taschenwörterbuch gekauft, aus der Sammlung Toussaint-Langenscheidt aus dem Jahr 1912. Im hinteren Teil dieses Wörterbuches standen auch Buchempfehlungen, unter anderem auch die Empfehlung: Professor Dr. Hermann Menge »Die Oden des Horaz für Freunde der klassischen Bildung«. Da hat er also Oden, Gedichte des römischen Schriftstellers Horaz, herausgegeben. Sein großes Werk ist aber die Menge-Bibel. Sie ist erstmalig im Jahr 1926 erschienen. Er selbst hat den Weg beschrieben, wie er eigentlich dazu kam.

Folgendes ist zu lesen: Seine Eltern waren gottesfürchtige, treue Leute. Er hatte auch treue, gute und aufrichtige Lehrer. Er selbst war ein ernster, sittlich gereifter junger Mann – so hat er sich selbst einmal charakterisiert –, aber ein vom Rationalismus geprägtes christianisiertes Weltkind, d. h.: Ein Glaubensleben im Sinne des Neuen Testamentes hat er nicht gekannt. Er hat auch in seinem Leben nie Kreise, in denen sich Menschen mit lebendigem Glauben versammelten, etwa Gemeinschaftskreise usw., gefunden. Er schreibt: »So wie die oberen Schichten der Gesellschaft damals waren, waren auch die anderen Schichten. Fast alle Pfarrer und Lehrer waren liberal, der Bibelkritik ergeben, Menschen ohne Leben von oben. Ich war ein natürlicher Mensch mit christlichem Anstrich.« Er hielt sich treu zum Gottesdienst und zum heiligen Abendmahl. Er hat sogar jeden Morgen dafür gesorgt, daß eine Schulandacht in seiner Schulanstalt gehalten wurde. Seine Anstalt galt allgemein als eine christlich geprägte Schule.

Von der Bibel hat er nur eine Reihe von Sprüchen gekannt, wahrscheinlich aus dem Katechismus, Kernsprüche, die man damals im Konfirmandenunterricht auswendig gelernt hat. »Bis zu meinem 60. Lebensjahr«, sagt er, »habe ich kein Kapitel des Neuen Testamentes weder deutsch noch griechisch im Zusammenhang gelesen. Vom Johannes-Evangelium kannte ich nur die Nikodemus-Geschichte (Joh 3), und von Paulus wußte ich so gut wir gar nichts.« Das war sein ehrliches Bekenntnis. Als ich das las, ist mir eingefallen, daß das ja heute auch nicht anders ist. Ich habe vor dreißig Jahren, 1962, einmal eine Kreuzfahrt durchs Mittelmeer gemacht, und da kamen wir mit der Reisegesellschaft auch nach Athen. Wir besuchten die Akropolis und den nicht weit davon entfernten Areopag, auf dem der Apostel Paulus auf seiner zweiten Missionsreise seine berühmte Ansprache gehalten hat. In den fünfziger Jahren – es waren seit jener Zeit, als Paulus seine Rede hielt, bereits 1900 Jahre vergangen –, hat die griechische Regierung an der Stelle, an der Paulus gestanden hatte, eine riesige Bronzetafel angebracht. Auf ihr ist die Ansprache aus dem Neuen Testament aus Apostelgeschichte 17 in griechischen Buchstaben eingraviert. Als wir hinkamen, war gerade eine griechische Schulklasse dort, die an diesem Bibeltext herumbuchstabierte. Ich habe mit dem Reiseführer, der für Athen eingesetzt war, gesprochen. Soweit ich mich erinnere, muß es ein deutscher Student gewesen sein, der für die deutschsprechenden Touristen-Gruppen die Führung machte. Ich kam mit ihm ins Gespräch; er erzählte mir folgendes: »Ach, denken Sie mal, es sind jetzt ein paar Wochen her, da hatte ich auch eine deutsche Gruppe zu führen. Nachdem ich den Teilnehmern alles erzählt hatte und mit meinen Ausführungen fertig war, kam ein Herr auf mich zu, stellt sich als Studienrat vor und sagt zu mir: »Sie, steht denn so was wirklich in der Bibel?« – »Ja,« sagte ich, »das können Sie doch nachlesen in Apostelgeschichte 17.« – »Ach«, anwortete er, »das hätte ich aber nicht gedacht, das hab ich auch nicht gewußt, das ist ja imponierend.« Unkenntnis der Heiligen Schrift heute wie damals, auch was ihre Botschaft betrifft. Menge sagt: »Ich habe nichts gewußt davon, daß der natürliche Mensch verloren ist, tot in Sünden und Übertretungen; wenn Luther singt: ›es ist doch unser Tun umsonst, auch in dem besten Leben.‹ Ich habe nicht gewußt, daß er einen Sünderheiland braucht, einen Erlöser. Ich habe nicht gewußt, was wahrer, rettender, rechtfertigender Heilsglaube ist, daß der Mensch eine Umkehr vollziehen muß.« Aber dann bezeugt er: »Gottes Geist fing nun an, an mir zu arbeiten.« Und ich möchte mit einem Bild aus dem Propheten Hosea sagen: »Gott hatte das Seil seiner Liebe nach diesem Mann geworfen«, und langsam ist eine innere Umwandlung mit Hermann Menge vor sich gegangen.

Sie fing so an: Im Jahre 1899, es war sein letztes Dienstjahr, hatte er eine Morgenandacht auszuarbeiten, und dabei ist ihm blitzartig zur Erkenntnis gekommen, wie wenig er doch die Bibel kannte. Daraufhin hat er privat angefangen, das Neue Testament in der Ursprache zu lesen, als Altphilologe. Es war ja für ihn nicht schwer; das hellenistische Griechisch des Neuen Testaments ist ja einfacher als das klassische Griechisch. Und er merkte, daß irgendwie an seinem Herzen eine Kraft arbeitete. Er bekannte: »Ich empfand Hilfe von oben und eine ganz große Freudigkeit beim Lesen des Neuen Testamentes.« Da gingen ihm auch die großen Wahrheiten der Bibel auf. Im Jahr 1900 fing er an, das Neue Testament auf eigene Faust zu übersetzen. 1909 war er fertig; er hatte also mit sehr großer Akribie und großem Aufwand an Zeit gearbeitet. Er fand dann tatsächlich einen Verleger in Braunschweig, der das Neue Testament gedruckt hat. Dieses Neue Testament wurde sehr gut beurteilt, die Übersetzung erntete ein sehr gutes Echo. Allerdings, und das ist vom buchhändlerischen Standpunkt ja auch wichtig, fand es wenig Käufer. Das war nun schade, aber Menge war nicht enttäuscht. Er war einfach glücklich, daß er diese Arbeit hatte tun dürfen, und hat gesagt: »Jetzt fange ich auch mit dem Alten Testament an.« Er hatte sich ja damals mit seinen Primanern die Grundkenntnisse der hebräischen Sprache angeeignet. Viele haben ihm abgeraten und gesagt er werde ja niemals einen Verleger für dieses Werk finden. Menge hat aber trotzdem gearbeitet. »12 Jahre«, sagt er, »Tag und Nacht. Und ich fühlte mich von oben beflügelt.«

1922 nahm er das Riesenmanuskript und legte es in seinen Schreibtisch, gleichsam als hätte er es in ein Grab gelegt. Was sollte daraus werden? Wo sollte er einen Verleger finden? Mit heißem Dank gegen Gott hatte er diese Arbeit abgeschlossen. Er sagte einmal: »Ich stand unter einem heiligen Muß«, und er hat dabei das Wort Jeremia 20,7.9 zitiert: »Herr, du hast mich überredet, und ich habe mich überreden lassen. Du bist mir zu stark gewesen und hast gewonnen; aber ich bin darüber zum Spott geworden täglich, und jedermann verlacht mich.

Da dachte ich: Ich will nicht mehr an ihn denken und nicht mehr in seinem Namen predigen. Aber es ward in meinem Herzen wie ein brennendes Feuer, in meinen Gebeinen verschlossen, daß ich's nicht ertragen konnte; ich wäre schier vergangen.« Diese Worte hat Jeremia einmal niedergeschrieben, als er schwer angefeindet wurde wegen seiner Predigt. Das war Hermann Menges innere Situation. Er konnte einfach nicht anders; er mußte Gottes Wort übersetzen. »Das Manuskript«, sagte er, »lag nun in meinem Schreibtisch wie in einem Grab.« Aber durch besondere Führungen Gottes ist die Württembergische Bibelanstalt – heute nennt sie sich Deutsche Bibelgesellschaft – in Stuttgart darauf aufmerksam geworden, und es wurde nun die ganze Menge-Bibel gedruckt, Altes und Neues Testament zusammen. Die Erstausgabe erschien im Jahre 1926. Hermann Menge war inzwischen 85 Jahre alt geworden. In seinem Vorwort hat er geschrieben: »Meine Übersetzung soll unter keinen Umständen die klassische, mustergültige Übersetzung D. Martin Luthers verdrängen.« Er will sie nicht verdrängen, aber er sagte: »Die Luther-Übersetzung weist einige Mängel auf, auch Unklarheiten, auch ist ihre Sprache ziemlich veraltet.« Er wollte sich in philologischer Genauigkeit ganz eng an den Urtext anschließen. Es sollte also keine Umschreibung einfließen, das hätte sein wissenschaftliches Gewissen als Altphilologe nicht ertragen. Und doch wollte er den Text in einem guten flüssigen Umgangsdeutsch bieten. Wer die Menge-Bibel schon in der Hand gehabt und darin gelesen hat, weiß, daß da viele Gliederungen und Überschriften sind, die sehr zur Erleichterung und zur Zurechtfindung beitragen. Er bittet dann auch in dem Vorwort um Vorschläge zur Verbesserung und wünscht allen Lesern ein empfängliches Herz für die großen Wahrheiten der Bibel. Er schließt dann mit dem Liedvers:

>»Seele, was ermüdst du dich
in den Dingen dieser Erden,
die doch bald verzehren sich
und zu Staub und Asche werden?
Suche Jesus und sein Licht;
alles andre hilft dir nicht.«

Die Menge-Bibel kam nun sehr gut an. 1929 waren schon 100 000 Exemplare verkauft. Und das hat dem alten Menge Mut gemacht, daß er nun auch noch die Apokryphen des Alten Testamentes übersetzt hat. Im Jahre 1928 wurde ihm von der Evangelisch-theologischen Fakultät der Universität Münster der wohlverdiente Ehrendoktor der Theologie zugesprochen und verliehen.

Seine letzten Lebensjahre und sein Heimgang

Von 1900 bis fast 1939, also von seinem 59. bis 97. Lebensjahr, war er fast achtunddreißig Jahre lang in einem tätigen Ruhestand und arbeitete immer wieder an seiner Bibel-Übersetzung. Er hat immer am Schreibtisch gesessen. Er erzählt das einmal so: »Ich habe eigentlich nie das Meer und das Gebirge gesehen. Wir sind zwar an Bade- oder Erholungsorte in Urlaub gefahren, aber wenn wir in das Hotel- oder Gästezimmer kamen, habe ich nicht den Vorhang zurückgezogen, irgendein Bergmassiv gesucht oder das wogende Meer, sondern ich habe mich auf den Tisch gestützt und geprüft, ob er groß genug ist, ob er richtig am Fenster steht. Dann habe ich meine Bücher ausgepackt und angefangen zu arbeiten. »Nun hör mal zu«, hat dann meine Frau zu mir gesagt, »du sitzt den ganzen Tag hier drin, da hätten wir ja auch zu Hause bleiben können.« – »Ja Frau«, antwortete ich ihr, »eigentlich hast du recht; komm, wir packen wieder ein und fahren heim.« Das war Hermann Menge. Nun haben sie das nicht immer so gemacht. Aber er hat den großen Teil seines Urlaubs auch an seiner Bibel gesessen. Diese Tätigkeit hat ihn vielleicht auch irgendwie jung und frisch erhalten. Friedrich der Große hat einmal gesagt: »Nichts sieht dem Tode so ähnlich wie der Müßiggang.« Und an seinem Tisch im Schloß Sanssouci saß der Freigeist und Schriftsteller Voltaire. Von ihm stammt das Wort: »Was unser Leben im Alter vor allen Dingen erträglich macht, ist die Tätigkeit.«

Als die beiden Tübinger Professoren Adolf Schlatter und Karl Heim in den siebziger Jahren ihres Lebens aus Krankheitsgründen nicht mehr öffentlich predigen und Vorlesungen halten konnten, saßen sie, genau wie Menge seinerzeit, nach einem festen Arbeitsplan den ganzen Tag am Schreibtisch und haben ihre Werke abgeschlossen. Auch Menge hat im hohen Alter immer noch einen vollen Arbeitstag absolviert. Wenn ich noch einmal von meinem Studium kurz reden darf, muß ich eigentlich sagen, ich habe die Menge-Bibel für den biblischen Unterricht Ende der zwanziger, Anfang der dreißiger Jahre sehr gern benutzt. Da habe ich festgestellt, daß Menge auch die wissenschaftlichen Kommentare von damals benutzt hat. Er hat sich also nicht bloß mit seinen Wörterbüchern zufriedengegeben, sondern er hat für seine Übersetzung die großen wissenschaftlichen Kommentare hinzugezogen, so daß diese in ihrer Art ein Meisterwerk geworden ist. Es haben ihn auch dann und wann Leute gefragt, ob ihm nicht auch manchmal Zweifel an der Zuverlässigkeit der Bibel kämen, wenn er so dauernd mit dem biblischen Text umgehe. Dann soll er solche Fragen ganz empört abgewiesen haben mit den Worten: »Im Gegenteil, die Bibel ist Gottes unumstößliches Wort.« Er hat natürlich bei seinen Übersetzungen auch das prophetische Wort kennengelernt.

Im prophetischen Wort Alten und Neuen Testamentes ist der Gemeinde in großen Zügen ein Durchblick und ein Überblick über die Weltgeschichte bis zur Vollendung des Reiches Gottes mit der Wiederkunft des Herrn gegeben. Jesus fordert uns sogar auf, anhand dieses Kompasses die »Zeichen der Zeit« zu beobachten und zu beurteilen (Matth. 16,3). Hermann Menge bedauerte es, daß über diese endzeitliche Orientierung des Evangeliums in der kirchlichen Verkündigung so gut wie nichts zu hören war: »Die Pastoren kennen ihre Bibel nicht; sonst würden sie ihre kostbaren Wahrheiten den Hörern nicht vorenthalten.« Aber nicht Unkenntnis allein waren und sind auch heute leider die Gründe für dieses Versagen in der Verkündigung. Die damals wie heute herrschende kritische Theologie sieht in diesen Aussagen der Bibel nur zeitlich bedingte Wunschträume und Spekulationen, die mit einem Weltbild längst vergangener Zeiten verknüpft und deshalb von uns nicht mehr nachvollziehbar und damit dem modernen Menschen nicht mehr zumutbar seien. Auf diese Weise wird jedoch ein zentrales Stück biblischer Verkündigung preisgegeben und der Willkür der Sekten überlassen.

Hermann Menge war bis zum Ende seines Lebens altersgemäß bei guter Gesundheit und Schaffenskraft.

Bis zuletzt arbeitete er an der Bibelübersetzung, feilte und verbesserte den Text, ähnlich wie einst Martin Luther. Auch bei den vielen Ehrungen und Auszeichnungen, die ihm zuteil wurden, blieb er der schlichte und bescheidene Mensch: »Ich bin ja nur ein Menschlein von ganz bescheidenem Umfang«, pflegte er zu sagen.

Ein kleines Erlebnis ist charakteristisch für ihn. Einst besuchte ihn ein ehemaliger Schüler, ein Pastor. Menge hatte damals schon das 90. Lebensjahr überschritten. Beim Abschied brachte der Besucher den Gedanken zum Ausdruck, daß sie sich in dieser Welt wohl das letztemal gesehen hätten. Da erwiderte Menge: »Von mir aus nicht! Ich mache Ihnen einen Vorschlag: Kommen Sie doch in zwei Jahren wieder mal nach Goslar und besuchen Sie mich wieder!« Auf die erstaunte Frage des Pastors, woher er denn wisse, daß er in zwei Jahren noch leben werden, antwortete Menge: »Sehen Sie, ich lese immer wieder mal einen Abschnitt aus meiner Bibelübersetzung durch. Bei der ersten Lektüre scheine ich zufrieden zu sein; beim zweitenmal fallen mir dann doch verbesserungsbedürftige Stellen auf. Dann bete ich in kindlicher Zuversicht: ›Herr, gib mir noch zwei Lebensjahre für meine notwendige Arbeit.‹ Und sehen Sie, der treue Gott hat mir diese Bitte niemals abgeschlagen.«

Im großen Familienkreis war er für die Enkel und Urenkel stets der liebe und verehrte Opa. 1917 konnte das Ehepaar Menge die goldene und 1927 noch die diamantene Hochzeit feiern. Zwei Jahre später, 1929, wurde seine Gattin heimgerufen. In seinem tiefen Schmerz empfand er dankbar den Trost aus Gottes Wort.

Weihnachten 1938 war die große Familie noch einmal fröhlich beisammen. Doch schon am Anfang des neuen Jahres erkrankte er an einer starken Erkältung, die sich zu einer Lungenentzündung entwickelte. Zu jener Zeit führte eine solche Krankheit, vor allem im Alter, zum Tode, denn es gab noch nicht die heutigen, wirksamen Medikamente (Antibiotica, wie z. B. Penicillin). Am 9. Januar 1939 holte der Herr seinen treuen Knecht heim in die ewige Herrlichkeit.

Zum Schluß noch zwei Verse aus Psalm 119 nach Menges Übersetzung:

Vers 111:

Deine Zeugnisse sind mein ewiger Erbbesitz,
denn sie sind die Wonne meines Herzens.

Vers 162:

Ich freue mich über dein Wort wie einer,
der große Beute gewinnt.

Erich Sauer, der Bibeltheologe

Sein Werdegang und Wirken

Werden und Wachsen

Erich Sauer wurde am 31. Dezember 1898 in Berlin geboren. Zusammen mit einer Schwester ist er in finanziell sehr bescheidenen Verhältnissen aufgewachsen. Sein Vater wollte ihm aber unter allen Umständen eine gediegene Ausbildung zuteil werden lassen. Das hat ihm der Sohn lebenslang gedankt. Die Mutter war bei der Goßner'schen Mission erweckt worden und ist bei den sogenannten »Offenen Brüdern« zur Heilsgewißheit durchgedrungen.

Die »Offenen Brüder« waren ein besonderer Zweig der sogenannten »Versammlung«. Sie leitet sich von Darby ab, daher nennt man sie auch die Darbysten. Darby war Pfarrer der anglikanischen Kirche in England, lebte von 1800 bis 1882, kam aber zu der Erkenntnis und Überzeugung, daß die ganze Christenheit schon seit der Zeit der Apostel vom wahren Glauben und von der rechten Gemeindeordnung abgefallen war. Er hat dann seinen Austritt aus der anglikanischen Kirche erklärt und wollte jetzt etwas Neues beginnen, aber nicht so, daß er zu der Vielzahl der Kirchen und Denominationen noch eine neue hinzutat, sondern er wollte die echten Gläubigen aus all diesen bestehenden Institutionen zu der »Versammlung« versammeln. Das sollte die Kirche der wahrhaft Gläubigen sein. Diese Versammlung, wie sie sich nannte, wollte keine Organisation sein, sie wollte auch keine Mitgliederlisten führen und hatte auch kein leitendes Amt. Bei dieser »Versammlung« kam es aber nun sehr bald zu einer Spaltung. Es hat sich ein streng exklusiver Flügel gebildet, und daneben eben die »Offenen Brüder« – der Name sagt es schon: solche, die auch für die Gläubigen in anderen Bekenntnissen und Denominationen offen waren – also Leute der Allianz.

In diesen Versammlungen der »Offenen Brüder« hat Erich Sauer nun seine entscheidenden Kindheitseindrücke empfangen. Mit 14 Jahren hatte er eine Übergabe seines Lebens an den Herrn vollzogen und auch schon den Plan gefaßt, später in den Missionsdienst einzutreten. Sein Vater ermöglichte ihm den Besuch eines Realgymnasiums in Berlin (Erklärung: Zu meiner Zeit in den zwanziger Jahren, als ich Schüler war, gab es noch die sogenannte Oberrealschule, diese war mathematisch-naturwissenschaftlich eingestellt. Ihr gegenüber stand die ganz andere Art des humanistischen Gymnasiums, welche das Geistesgut der Antike des griechischen und römischen Altertums und die beiden Sprachen Latein und Griechisch neben Französisch pflegte. Die Oberrealschule hatte als Fremdsprache nur Französisch und Englisch. Daneben wollte als ausgleichendes Mittelding das sogenannte Realgymnasium stehen, keine Seite war überbetont, an Fremdsprachen wurden Französisch, Englisch und Latein gelehrt). Nach seinem Abitur hat er an der Universität in Berlin Geschichte, Theologie und Englisch studiert.

In seiner Studienzeit hatte er zwei schwere Krisen durchzumachen. Die eine kam von der Philosophie, mit der er sich sehr intensiv beschäftigte. Es entstand in ihm die Frage, ob der Mensch überhaupt ein Wissen um Gott und von Gott haben könne. Da ist ihm nach langem

Ringen klargeworden, daß die menschliche Vernunft nicht dazu ausreicht, sondern daß sie der Offenbarung bedarf, und durch intensives Gebet und Bibelstudium kommt der Mensch zur Erkenntnis der Wahrheit. Erich Sauer hat damals schon jede Form der Bibelkritik, auch die leiseste, abgelehnt. Man könnte sagen: Der Philosoph Immanuel Kant hat einmal ein sehr treffendes Wort gesagt: »Begriffliche Gotteserkenntnisse sind uns versagt, nicht aber herzhafte Gotteserlebnisse.« Damit wollte Kant sagen: Ein strenges Wissen über Gott gibt es nicht, kann es auch nicht geben, weil Gott nie Objekt unserer Erkenntnis sein kann; aber Gott kann erlebt, Gott kann erfahren werden (Kant stammte ja aus einem sehr gläubigen Elternhaus). Das war die eine Krise. Die andere war in seiner Person begründet. Er hatte schwache Augen und war von Geburt an sehbehindert. Als er 13 Jahre alt war, hat ein bedeutender Augenarzt, der ihn immer wieder behandelte, den Eltern gesagt: Den Jungen müßten sie einen Beruf erlernen lassen, bei dem er möglichst wenig lesen und schreiben muß, am besten sollte er Gärtner werden, das ist auch einer der gesündesten Berufe. In gewissem Sinn ist Erich Sauer dies auch geworden: ein Zeuge und Diener, ein rechtes Werkzeug im Weinberg des Herrn. Die Krankheit hat sich sehr unterschiedlich gezeigt. Im zweiten und siebten Semester war er fast einer Erblindung nahe, so daß er schon damit begann die Blindenschrift zu lernen. Es wurde ihm dann für seine Gesundheit Landluft verordnet; 1920 ging er mit 21 Jahren nach Wiedenest, und hier ist er sein ganzes Leben geblieben, da war sein Wirkungskreis.

Vierzig Jahre Wirksamkeit

Sein Augenleiden war einigermaßen erträglich, aber er wußte sich täglich abhängig von seinem Herrn. Gerade das, was der Augenarzt in Berlin verhindern wollte, praktizierte er: viel lesen, sehr viel schreiben und studieren; daneben führte er große Vortragsreisen durch, die ihn in alle europäischen Länder brachten, sogar nach Amerika, ins Heilige Land, nach Ägypten und in die Türkei. 1937 wurde ihm die Leitung der Bibelschule Wiedenest übertragen, 1952 wurde dort ein Missionshaus angegliedert.

Erich Sauer war ein bewußter Allianzmann. Er hat einmal das Wort gesagt: »Die Ernte, die wir einbringen, und der Auftrag, der uns gegeben ist, ist der große Missionsbefehl. Er ist so gewaltig, daß wir es uns nicht leisten können, Zäune unter den Gotteskindern aufzubauen, sich einander abzugrenzen, wenn der eine diese, der andere jene Erkenntnis oder Sonderlehre hat. Diese Zäune müssen klein gehalten werden und dürfen unter keinen Umständen zu einer Trennung des Volkes Gottes führen.« Als Allianzmann hat er es so verstanden, was früher unter anderem als Text auf dem Titelblatt des Monatsblattes des Liebenzeller Gemeinschaftsverbandes »durchblick und dienst« stand: »alle, die den Herrn Jesus lieben und auf ihn warten«, damit ist das Entscheidende gesagt. Mag einer über die Taufe, über dieses und jenes denken, wie er will – das fällt dann nicht mehr ins Gewicht.

Der Mann, der nicht viel schreiben sollte, hat uns aber eine ganze Menge wertvoller Bücher gegeben. Die wichtigsten sind:

1930: »Zweck und Ziel der Menschenschöpfung«
1937: »Morgenrot der Welterlösung« und
»Triumph des Gekreuzigten«
1939: »Vom Adel des Menschen«
1950: »Der göttliche Erlösungsplan«

Seine Bücher wurden auch wieder in sehr viele Sprachen übersetzt, selbst ins Japanische, ins Chinesische und Koreanische. Es ging Erich Sauer vor allen Dingen darum, den Schöpfungs- und Heilsplan Gottes aus der Bibel herauszufinden, also sein Blick umfaßte den Kosmos von seiner Entstehung an bis zum neuen Himmel und der neuen Erde. Man gab ihm den Ehrentitel: »Haushalter über Gottes Geheimnisse« (1. Kor. 4,1).

Er war auch ein Mann, der in richtigen Proportionen dachte, d. h. der nicht irgendeine Wahrheit überbetonte und sie in den Vordergrund stellte, irgendeine Teilwahrheit, die an sich richtig war, aber so hervorgestellt, daß vielleicht das ganze biblische Wissen verzerrt wurde. Das ist das Wesen der Sekten. Es gibt aber auch große Theologen, die irgendeine Wahrheit überbetonen, so daß das andere dadurch in ein falsches Licht hineinkommt. Es ging ihm um die rechte verhältnismäßige Gesamtschau der Heiligen Schrift.

Erich Sauer war ein Mann, der sich auch mit Naturwissenschaften vertraut gemacht hatte. Persönlich war er sehr bescheiden, ein treuer Mensch, teilnehmend an menschlichen Schicksalen. Seine große Sorge war, daß die Schüler und Schülerinnen recht ausgebildet würden zu guten Zeugen und Mitstreitern Jesu Christi.

Verheiratet war er mit der Tochter des ersten Leiters der Bibelschule Christoph Köhler. Seine Frau ist ihm – gerade im Blick auf seine Augenschwäche – eine wertvolle Stütze und eine unentbehrliche und treue Gefährtin gewesen. Dem Ehepaar wurde eine Tochter Ursula geschenkt.

Was wir von Hermann Menge lesen, können wir auch von Erich Sauer sagen: Er war ein unentwegt tätiger Mensch, er arbeitete immer am Schreibtisch. Er wurde nicht alt – in dem Alter, in dem Hermann Menge mit seiner Amtsarbeit als Gymnasialdirektor aufgehört hatte kam für ihn schon der Abschied von dieser Welt. Kurz vor seinem 60. Geburtstag kamen Herzkrämpfe über ihn, die am 25. Februar 1959 zu seinem Heimgang führten.

Seine Schüler haben immer voll Dank von Erich Sauer geredet und immer von der »goldenen Spur« gesprochen, die er hinterlassen hat im Blick auf Psalm 84,7: »Wenn sie durchs dürre Tal ziehen, wird es ihnen zum Quellgrund, und Frühregen hüllt es in Segen.«

Eine ausführliche Lebensbeschreibung ist bisher noch nicht erschienen – das zeigt das vorhandene Material, auch jenes, das bei der Bibelschule Missionshaus Wiedenest vorhanden ist.

Das Werk: Der Schöpfungs- und Heilsplan

Das Schöpfungswerk Gottes

Frau Dr. Gertrud Wasserzug, die frühere Leiterin der Bibelschule Beatenberg/Schweiz, sagte einmal: »Die Genesis (das erste Buch Mose) ist das Fundament der ganzen Bibel.« Wie das Fundament für ein Gebäude, so ist die Genesis wichtig für die ganze Ausrichtung der Heiligen Schrift. Jakob Burckhardt, ein Kulturphilosoph, gab den Satz vergleichsweise weiter: »In der griechischen Philosophie sind schon alle Probleme der modernen Zeit angeschnitten, und schon beantwortet – sogar bis zur Atomtheorie des Demokrit.« Deshalb fangen wir mit dem Schöpfungsplan in der Genesis an.

Für Erich Sauer bestand zwischen dem Schöpfungsbericht der Bibel und der Naturwissenschaft kein Gegensatz. Er wies darauf hin, daß Professor Dr. Karl Heim sich auch sehr intensiv mit diesen Dingen beschäftigte und zu der Erkenntnis kam, daß es vor Gott nur eine Wahrheit gibt. Ein Zitat von dem berühmten Naturwissenschaftler Professor Dr. Max Planck aus einem Vortrag in Osnabrück: »Religion und Naturwissenschaft schließen einander nicht aus, verschieden sind nur die Wege. Der Gläubige geht von Gott aus, der Naturwissenschaftler nimmt seinen Weg zu Gott hin als zur Vollendung und Krone des Naturwaltens.« Wenn wir den Schöpfungsbericht der Bibel mit den außerbiblischen Weltentstehungsgeschichten, den Kosmogonien, vergleichen, dann wird uns der himmelhohe Unterschied klar. In diesen Legenden und Sagen ist unsere Welt das Ergebnis eines furchtbaren Götterkampfes, während in 1. Mose 1 ein souveräner, überweltlicher Gott da ist, der durch sein Allmachtswort die Welt aus dem Nichts ins Leben erschaffen hat.

Mit dem Schöpfungsbericht möchte ich beginnen. Die sogenannte Restitutions-Theorie hat Sauer nicht direkt vertreten, sie jedoch für annehmbar gehalten. Das heißt: Zwischen dem Geschehen, das der erste Vers der Bibel beschreibt, und dem, das im zweiten Vers beschrieben wird, hat sich etwas Geheimnisvolles ereignet, nämlich der Sündenfall Satans. Es kommt darauf an, wie man das »war« übersetzt in: »Und die Erde *war* wüst und leer . . .« Nach der hebräischen Grammatik kann man dieses Zeitwort hajetha mit *»war«*, gleichzeitig aber auch mit *»wurde«* übersetzen. Die Übersetzung in der Luther-Bibel: »Die Erde war wüst und leer . . .« schildert in gewisser Weise in diesem Vers den Urzustand der Materie, formlos und wüst gestaltet. Bei der Übersetzung mit »wurde« aber, ist zwischen dem Tatbestand beschrieben im ersten Vers, und dem Zustand, beschrieben im zweiten Vers etwas geschehen, was nicht ausgesprochen wird. Da ist die erste Schöpfung vollkommen da – und dann geschah etwas anderes: Es brach eine dunkle Macht ein, die Schöpfung wurde verändert, sie wurde »wüst und leer«. Mit Vers zwei (». . . und der Geist Gottes schwebte auf dem Wasser«) fängt dann eine Neuschöpfung an, bzw. die Restitution, die Wiederherstellung der zerstörten, ursprünglichen Schöpfung.

Erich Sauer führt auch eine ganze Menge von Zeugen an, die sich dieser Restitutions-Theorie geöffnet haben. In erster Linie nennt er aus der damaligen Zeit einen sehr bekannten Professor, Freiherr von Huene, der in Tübingen als Paläontologe gelehrt hatte und eine internationale Autorität auf dem Gebiet der Saurier-Forschung war. Dieser Mann hat übrigens die biblische Urgeschichte mit allen ihren Zahlen ganz wortwörtlich genommen – dies muß man einmal bedenken! Es gibt noch viele andere, die Erich Sauer in diesem Zusammenhang anführt. Es ist also zwischen dem Tatbestand, den wir in Vers 1 lesen, und dem Zustand, der in Vers zwei des Schöpfungsberichts steht, etwas geschehen, eine dunkle, antigöttliche Gegenmacht wirkt in die Schöpfung und in den Kosmos hinein. Er weist auch darauf hin, wenn er sagt: »In der Paradiesgeschichte wird doch den ersten Menschen befohlen, sie sollen den Garten ›bebauen und bewahren‹. Wenn keine feindliche Gewalt in der Welt wäre, wäre das Wort ›bewahren und behüten‹ völlig überflüssig. Dies deutet auf eine unbekannte, dunkle Macht hin, vor der man sich in acht nehmen sollte.« Außerdem sagt Erich Sauer, daß der Tod nicht mit dem Menschen in die Schöpfung eingeführt wurde, sondern daß vor dem Menschen schon der Tod in der Schöpfung drin war. Die ganze Erde, auf der wir stehen, ist ein riesiger Leichenacker.

Weiter sagte er folgendes: Die Restitutions-Theorie ist zwar nicht zwingend, man müsse sie nicht annehmen –, aber sie hat folgenden Vorzug: Sie erklärt vieles in der Urgeschichte, besonders auch in Kapitel drei, als der Sündenfall geschah. Er setzte sich auch dafür ein, die großen Schöpfungstage nicht als 24-Stunden-Tage zu nehmen, sondern als große geologische Erdperioden. Dagegen verwahrte er sich, wenn man sagte, dies sei eben nur eine Konzession an die Naturwissenschaft des 19. Jahrhunderts. Er wies darauf hin, daß diese Auffassung schon sehr alt sei, sogar schon vom Kirchenlehrer Augustinus vertreten wurde, der 400 n. Chr. lebte. Bei Augustinus waren die Gottestage in Genesis 1 große Erdperioden, was an das Wort aus Psalm 90 erinnert: »Denn tausend Jahre sind vor dir wie der Tag, der gestern vergangen ist, und wie eine Nachtwache.« Die Reihenfolge der einzelnen Schöpfungswerke in Genesis 1 stimmt übrigens mit der Lehre von den Erdzeitaltern überein.

Erich Sauer schloß im wesentlichen seine Schöpfungsbetrachtung mit zwei Zitaten von zwei bedeutenden französischen Naturwissenschaftlern des letzten Jahrhunderts ab. Das erste ist von dem Physiker Jean Baptiste Biot (gest. 1862): »Entweder hatte Moses in den Wissenschaften eine solche tiefe und grundlegende

Unterweisung, wie unser Zeitalter, oder aber er war inspiriert.« Dann brachte er das Zeugnis eines Zoologen und Anatomen namens Georges Cuvier (gest. 1832, er war noch Staatsrat bei Napoleon I.): »Mose hat uns einen Weltentstehungsbericht hinterlassen, dessen Genauigkeit sich mit jedem Tag bewundernswert bestätigt.«

Die Lehre vom Sündenfall

Erich Sauer sah, daß die Welt, in der wir leben, ein doppeltes Antlitz trägt: Auf der einen Seite ist der Kosmos in einer wunderbaren Weisheit geschaffen (Ps 104,24: »Herr, wie sind deine Werke so groß und viel! Du hast sie alle weise geordnet, und die Erde ist voll deiner Güter«). Andererseits ist so viel Sinnlosigkeit und Bosheit in dieser Welt, daß man unmöglich einen gütigen und weisen Schöpfer annehmen kann. »Unsere Welt ist ein großartiger Tempel in trümmerhaftem Zustand.« Dabei erinnere ich an die Theologie von Karl Heim, der auch sagte: »Es geht ein furchtbarer Riß durch die Schöpfung, es ist so viel Sinnlosigkeit in der Welt. Mit dem Auge des Naturwissenschaftlers gesehen, nicht mit dem des Romantikers und Dichters, sehen wir mit Entsetzen, daß ein Kampf aller gegen alle tobt.« Dies ist in der Pflanzen- und in der Tierwelt, in der Menschen- und Völkerwelt zu erkennen. Einer kann nur leben, wenn er dem anderen den Lebensraum streitig macht. Hölderlin, der Dichter, sprach einmal das Wort: »Gott möge es mir verzeihen, aber ich verstehe nicht den Tod in seiner Schöpfung.«

Woher kommt das alles? fragt Erich Sauer. Am Ende

des Schöpfungsberichts in Genesis 1 steht geschrieben: »Und Gott sah an alles, was er gemacht hatte, und siehe, es war sehr gut.« – Eine transzendente, von Gott nicht gewollte, aber von ihm zugelassene, dynamische Gegenmacht ist bei der Schöpfung am Werk gewesen. Mit Recht weist Sauer darauf hin, daß die Bibel nur indirekt davon spricht, wenn sie von Luzifer, dem Lichtträger, spricht, der durch seinen Ungehorsam zum Satan, zum Widersacher Gottes wurde. Es gibt versteckte Stellen im Alten Testament: Jesaja 14,12, Hesekiel 28,14 ff. – in denen vom König von Tyrus gesprochen wird, aber dahinter wird etwas ganz anderes gesagt. Er weist darauf hin und sagt: Die Bibel ist nicht dazu geschaffen, unsere Welträtsel philosophisch zu erklären, sondern sie ist geschaffen und uns gegeben, damit wir den praktischen Heilsweg finden. Die Bibel will also nicht alle unsere Fragen und das Hinterfragen von allem erklären, sondern sie will uns den Weg zum Heil zeigen.

Erich Sauer wies auch auf die Versuchungsgeschichte Jesu (Lukas 4) hin – da sagt Satan zu Christus, als er ihn auffordert, ihn anzubeten: »Alle diese Macht will ich dir geben und ihre Herrlichkeit; denn sie ist mir übergeben, und ich gebe sie, wem ich will.« Hier hat Jesus dem Satan mit keinem Wort widersprochen. Deswegen trägt er in Johannes 14,30 auch den Titel »der Fürst dieser Welt«; vergleiche auch Luther in seinem Lied: »Der Fürst dieser Welt, wie sauer er sich stellt . . .« Hier gibt Jesus indirekt zu, daß diese göttliche Gegenmacht der Fürst unserer Welt ist, der diese Welt in seiner Hand hat; das sagt nicht, daß nicht Gott über ihm steht. Aber zunächst müssen wir einmal sagen, daß hier die dunkle Macht da ist. Nun war Sauers Gedanke folgender:

Es war Gottes Plan, nachdem diese dunkle Macht in

die Welt hineingewirkt hatte, den Menschen im Paradies langsam heranzubilden und zu erziehen, daß er als Gottes Mitarbeiter die Welt für Gott wieder zurückerobern soll. Jetzt kommt der schon schwierige Gedanke: Man muß immer wieder fragen, ist Gott letztlich für das Böse verantwortlich? – Zitat: »Da das Gute und Gottgewollte als sittliche Tat nur dann möglich ist, wenn das Böse auch zugelassen wird, muß die Versuchung zum Bösen einkalkuliert werden. Gott will keine gezwungenen Diener, die gar nicht anders als nur gut handeln können. Er will keine gefügigen Automaten, sondern freie Diener, die aus Liebe zu ihm dem Bösen in eigener Entscheidung widerstehen. Also mußte in die Menschenwelt die Möglichkeit einer Versuchung und eines Ungehorsams hineinkalkuliert werden. Und die Menschen sollten den Unterschied von Gut und Böse erfahren, was die Schlange ja sagte: Wenn ihr von diesem Baum esset, werden eure Augen aufgetan, und ihr werdet sein wie Gott und wissen, was gut und böse ist (1. Mose 3,5). Das wollte Gott auch. Aber die Menschen sollten das nicht auf dem Weg des Ungehorsams und der Rebellion erfahren, sondern auf dem Weg des Gehorsams.«

Nun brauche ich die Geschichte des Sündenfalls (Genesis 3) nicht zu erklären, kann nur andeuten: Der Mensch ist in diese Sünde hineingefallen und wurde als nicht mehr fähiger Mitarbeiter Gottes zunächst aus dem Paradies auf die verwüstete Erde hinausgetrieben. Aber – Gott hat den Menschen nicht hoffnungslos hinausgewiesen. Er hat ihm das sogenannte »Protevangelium«, das erste Evangelium gegeben. In Genesis 3,15 leuchtet das Evangelium zum ersten Mal in der Bibel auf, da sagt Gott: »Ich will Feindschaft setzen zwischen dir und dem Weibe und zwischen deinem Nachkommen und ihrem

Nachkommen; der soll dir den Kopf zertreten, und du wirst ihn in die Ferse stechen.« Dazu haben die alten Kirchenväter gesagt: Das ist eine Weissagung auf Golgatha, wo Jesus durch sein stellvertretendes Leiden und Sterben die Macht der Sünde und des Todes vernichtet hat. Er hat der alten Schlange den Kopf zertreten, aber sie hat ihn dabei in die Ferse gestochen, er ist des Todes gestorben.

Von Adam bis Abraham

Dies ist die erste Menschheit, von unseren Stammeltern bis zum Beginn der Heilsgeschichte. Es steht in Genesis 6, 1 geschrieben, daß sich die Menschen auf Erden zu mehren begannen. Gott hatte ihnen ja den Befehl gegeben: »Seid fruchtbar und mehret euch und füllet die Erde« (1. Mose 1,28). Nun werden uns in den ersten Kapiteln der Bibel zwei Linien der Menschen dargestellt, von den zwei Söhnen Adams her. Der eine ist Kain, und – nach Abels Tod hatte Gott den Stammeltern den Seth als Ersatz gegeben. Diejenigen, die nun eine rein weltliche Diesseits-Kultur aufbauen, das sind die Kainiten, die Leute, die nun anfangen, die Ärmel hochzukrempeln und das Leben zu gestalten, auch wenn es noch so bitter ist. Von den Kainiten wird erzählt, sie haben zuerst eine Nomadenkultur erfunden, sie haben Städte gebaut; von Tubal-Kain wird erzählt, daß er Eisen und Erz bearbeitete. Wir haben hier schon in gewisser Weise die Anfänge einer Industrie. Jubal ist der Erfinder der Musik, Lamech mit seinem Schwertlied ist der Erfinder der Poesie, Naama (zu deutsch: die Liebliche) gilt in der Tradition gewöhnlich für die Erfinderin des Putzes und der Mode. Von Seth steht eigentlich gar nicht viel geschrieben. Es steht nur in 1. Mose 4,26b: »Zu der Zeit fing man an, den Namen des Herrn anzurufen.« In ihrer Mitte ist der erste Gottesdienst, die erste Verkündigung vom Namen des Herrn. Davon steht bei den Kainiten nichts. Man wird unwillkürlich an ein Wort Jesu erinnert, das er im Gleichnis von dem ungerechten Haushalter einmal aussprach: »Die Kinder dieser Welt sind unter ihresgleichen klüger als die Kinder des Lichtes.« Klugheit – die Furcht des Herrn ist der Weisheit Anfang. Man könnte fast sagen: »pfiffiger, schlauer«. Das ist das, was die Weltmenschen, die Weltkinder den Kindern des Lichtes in ihrer Einfalt und Schlichtheit voraus haben. Das ist bereits bei den ersten Menschen erkennbar, den Kainiten und den Sethiten.

Die Menschen entwickelten sich negativ. Die Verderbnis der Menschen wurde immer größer, dies wird schon in Genesis 6 gesagt: »Alles Dichten und Trachten ihres Herzens war nur böse immerdar.« Gott läßt nun die große Sintflut kommen – »Ich will die Menschen, die ich geschaffen habe, vertilgen von der Erde.« Die Sintflut nimmt sie alle hinweg, und es wird darauf hingewiesen, daß es in allen Völkern Erinnerungen an Flutüberlieferungen gibt.

Dann hat Gott mit Noah – und mit seinen Söhnen – einen neuen Bund geschlossen, als sie aus der Arche herauskamen: »Wer Menschenblut vergießt, dessen Blut soll auch durch Menschen vergossen werden; denn Gott hat den Menschen zu seinem Bilde gemacht« (1. Mose 9,6). Hier wird, sagt Sauer, schon der Anfang einer Obrigkeit herausgestellt. Die Obrigkeit, so sagte es Luther einmal, ist eine Notverordnung, damit auf der Welt nicht die Gesetze des Dschungels herrschen, sondern eine gewisse Notordnung da ist. Gott hat nach Römer 13 der Obrigkeit das Schwert in die Hand gegeben, damit sie Ordnung in dieser Welt hält. Es wird außerdem den Menschen auch die Fleischnahrung erlaubt. Vorher lebten sie rein vegetarisch. Die Jubiläumsbibel schreibt aber, wahrscheinlich sind die Kainiten schon von sich aus zur Fleischnahrung übergegangen.

Dann weist Erich Sauer auf den Regenbogen, das neue Bundeszeichen, hin, der sich über der Erde wölbt, wenn ein Gewitter niedergegangen ist und die Sonne scheint und auf der dunklen Wolkenwand der siebenfarbige Regenbogen sichtbar wird. Es wurde den Menschen damals zugleich die Unverbrüchlichkeit der Naturordnungen zugesichert mit dem bekannten Wort: »Solange die Erde steht, soll nicht aufhören Saat und Ernte, Frost und Hitze, Sommer und Winter, Tag und Nacht« (1. Mose 8,22). Sauer macht sich auch Gedanken über den Regenbogen: Dieser wölbt sich von oben nach unten, er verbindet die obere Welt mit der unteren und die sieben Regenbogenfarben (in der Physik bei der Optik lernten wir diese kennen: rot, orange, gelb, grün, blau, indigo, violett) sind die einzelnen Bestandteile des Sonnenlichtes. Die Zahl sieben ist in der Bibel eine heilige Zahl. Es dominiert unter den Farben das »grün«, die Farbe des Lebens. In der Offenbarung des Johannes Kapitel 4,3, wird der Thron Gottes beschrieben: Der Regenbogen, der sich über den Thron Gottes wölbt, ist anzusehen wie ein Smaragd (ein grüner Edelstein).

Noah hatte drei Söhne: Sem, Ham, Japhet. Sie sind die Stammväter der neuen Menschheit. Auch über sie ist einiges gesagt, z. B. von den Japhetiten: Das ist die arisch-indogermanische Herrscherfamilie, gewissermaßen die Kultur- und Herrschervölker dieser Welt nach Gottes Willen. Ob ihre Herrschaft immer gerecht war, ist eine andere Frage. Von ihnen wird gesagt: »Sie wohnen in den Hütten Sems«, d. h., in ihrer Religion sind sie von Sem, von den Semiten der Offenbarung in der Bibel abhängig. Es ist seltsam, daß die großen Kulturvölker Europas die Bibel aus dem semitischen Lebensraum als ihr Wort Gottes empfangen haben. Die Offenbarung Gottes ist also vom Osten nach Westen – wie die Sonne – vor sich gegangen. Es war eine weltgeschichtliche Stunde, als Paulus nach Apostelgeschichte 16 auf den Trümmern des alten Troja stand und nicht wußte, ob er in Kleinasien weitermachen (der Heilige Geist wehrte ihm dauernd, dies zu tun) oder ob er seinen Blick nach Europa wenden sollte. Dann sah er eine Erscheinung bei Nacht: ein Mann aus Mazedonien stand da und bat ihn: »Komm herüber nach Mazedonien und hilf uns!« – So ist das Evangelium zu den Völkern Europas gekommen. Die ganze Weltgeschichte – so schreibt Erich Sauer mit Recht – wäre völlig anders verlaufen, wenn Paulus mit seinen Reisen nach Osten gegangen wäre.

Übrigens: während meiner Dienstzeit am Seminar der Liebenzeller Mission in den sechziger Jahren hatten wir einmal eine Freizeit mit koreanischen Schwestern hier. Frau Ok Hi Park war damals Schülerin, sie ist jetzt unter Koreanerinnen missionarisch tätig. Wir als theologische Lehrer hatten auch einige Vorträge bei diesen koreanischen Schwestern zu halten. Sie waren nicht alle Christen, jedoch sehr aufgeschlossen. Die Christen unter ihnen waren außerordentlich traurig und sagten: »Warum sind unsere Vorväter so lange in der Finsternis des Heidentums geblieben? Warum kam Paulus nicht zu uns? Warum kam er nicht nach Arabien, nach Indien,

China und Korea?« Dann waren sie aber beglückt, das mitzuerleben – dies nur als kleinen Hinweis am Rande.

Der Lauf der Weltgeschichte war also, daß Paulus die großen Völker des Westens, die Japhetiten, für das Evangelium gewann, und denen natürlich – und uns – den Befehl gab: »Gehet hin in alle Welt und predigt das Evangelium aller Kreatur« (Mk 16,15). Zu den Nachkommen Hams im weitesten Sinne gehören auch die verschiedenen Gruppen der farbigen Völker.

Dann kommt die große Völkertafel in 1. Mose 10. Da werden die Völker noch einmal aufgezählt und werden vorläufig aus Gottes Heilsplan entlassen. In Apostelgeschichte 14,16 steht: »Zwar hat er in den vergangenen Zeiten alle Heiden ihre eigenen Wege gehen lassen . . .« Anschließend kommt die Katastrophe: 1. Mose 11: der Turmbau zu Babel, die Verwirrung der Sprachen, auch der geistigen Grundanschauungen und Grundwerte der Menschheit. Dann erwählte sich Gott ein Volk, ein Eigentumsvolk. Das schuf er aus dem Nichts, indem er um das Jahr 1900 vor Christus Abraham berief. Mit 1. Mose 12 beginnt bereits die Heilsgeschichte.

Abraham bekommt als 75jähriger Mann den Befehl: »Geh aus deinem Vaterland und von deiner Verwandtschaft und aus deines Vaters Hause in ein Land, das ich dir zeigen will. Ich will dich segnen . . . und du sollst ein Segen sein . . . und in dir sollen gesegnet werden alle Geschlechter auf Erden.« Hier leuchtet das Evangelium von Jesus bereits auf. »Und ich will dir und deinem Geschlecht nach dir das Land geben« (1. Mose 17,8a), obwohl er noch ein Fremdling war und als einzigen Landbesitz nur das Grab seiner Frau Sara hatte. Dies war eine Zusage, die auch die heutigen Mächte der Welt nicht ändern können.

Der alte und der neue Bund

Auch dies kann nur wieder skizzenhaft angedeutet werden: Jakobs Söhne sind die Stammväter der zwölf Stämme Israels. In Ägypten wurden sie zu einem Volk. Mose führte sie dann heraus in das Land Kanaan. Am Berg Sinai wurde der Bund geschlossen: »Werdet ihr nun meiner Stimme gehorchen und meinen Bund halten, so sollt ihr mein Eigentum sein vor allen Völkern; denn die ganze Erde ist mein. Und ihr sollt mir ein Königreich von Priestern und ein heiliges Volk sein . . .« (2. Mose 19,5.6). Die Magna Charta, das Grundgesetz, ist der Dekalog, die Zehn Gebote mit dem Bundesbuch; nachzulesen in 2. Mose 20: Die Zehn Gebote, in den Kapiteln 21 bis 23, das sogenannte Bundesbuch. Jetzt wird der Bund zwischen Gott und dem Volk mit Opferblut besiegelt, mit dem Mose den Altar und das Volk besprengt. Der Bund zwischen Gott und seinem Volk wurde im Alten Testament mit Blut geschlossen.

Durch Josua kamen sie dann in das heilige Land, das gelobte Land. Hier sollte Israel – auch das war Gottes Plan nach Erich Sauer – zur Absonderung gehalten werden, sich nicht mit den Nachbarvölkern beflecken, sondern sich göttlich erziehen lassen, um dem Herrn den Weg zu bereiten: »In der Wüste bereitet dem Herrn den Weg, macht in der Steppe eine ebene Bahn unserm Gott!« (Jes. 40,3). Das »Absteigequartier für den Welterlöser« sollten sie sein, so sagte er wörtlich. Das Absteigequartier, der Brückenkopf für den Welterlöser.

Erich Sauer weist auf die Lage des Landes Israel hin: Auf der einen Seite ist dieses Land streng abgeschlossen, es hat keine Häfen, es hat keinen Fluß, um es mit anderen Ländern zu verbinden. Trotzdem liegt das Land in der Mitte der Welt, wo die drei Erdteile Asien, Afrika und Europa zusammenstoßen. »Ihr seid das Volk, das in der Mitte der Erde wohnt« (siehe Hes. 38,12). Hier will ich nur generell sagen: Israel hat den hohen Beruf, den ihm Gott zugedacht hatte, nicht ausgeführt; es hat sich immer wieder zum Götzendienst, zum Ungehorsam hinreißen lassen. Es ist bekannt, daß Stephanus in Apostelgeschichte 7 vor seiner Steinigung einen großen Abriß der Geschichte Israels gab. Da sagte er ihnen: »Ihr Halsstarrigen, mit verstockten Herzen und tauben Ohren, ihr widerstrebt allezeit dem heiligen Geist, wie eure Väter, so auch ihr« (Apg. 7,51) – das führte dann zu seinem Tod. Aber damit deutete er die Geschichte Israels. Halsstarrig, ungehorsam, die Väter haben schon dem Heiligen Geist widerstrebt, wo ist ein Prophet, den ihr nicht ermordet habt? Diese großen Prophetengestalten waren ihnen als Künder der Zukunft und als Mahner zu einem Gott wohlgefälligen Glauben und Leben gesandt.

Nun sehen wir, daß sich die Geschichte Israels langsam auflöst. Im Jahr 933, nach David und Salomo, spaltete sich das Land in ein Nord- und Südreich. Die Bewohner des Nordreichs werden im Jahr 722 in die assyrische Gefangenschaft geführt, das restliche Juda mit dem Stamm Benjamin 586 in das babylonische Exil. Das ist für Erich Sauer ein wichtiges Datum, denn von da ab war Israel immer unter Fremdherrschaft, ab 586 vor Christus. In diesem Zusammenhang – darüber können wir natürlich nicht ausführlich sprechen – bringt er die vier Weltreiche Daniels, unter denen Israel gelebt hat,

1. Babylon
2. Medo-Persien
3. Macedonisch-griechisches Reich

4. das Römische Reich
   (Daniel Kapitel 2 und 7).

Das Römische Reich war das letzte große Weltreich auf dieser Erde. Im Jahr 63 vor Christus wurde das Heilige Land eine römische Provinz. Jesus ist im Römischen Reich geboren. Wir leben heute in den sogenannten Nachfolgestaaten, in die das Römische Reich zerfiel, und die merkwürdigerweise heute zu einer Einheit zusammenfinden. Auch das ist ein Zeichen der Endzeit. Wird danach dann das Weltkulturreich mit zuletzt antichristlicher Spitze entstehen?

Aber zu jener Zeit, als das Römische Reich begann, hat Gott einen neuen Bund gestiftet, indem er seinen eingeborenen Sohn in diese Welt schickte: »Das Wort ward Fleisch und wohnte unter uns« (Joh. 1,14a). Die kleine Krippe Jesu Christi ist gewissermaßen der Drehpunkt der Weltgeschichte. Die Zeitrechnung wird eingeteilt in eine Zeit vor und in eine Zeit nach Christus.

Im Dritten Reich, als man mit dem Namen Christus nicht einverstanden war, schrieb man eigenartiger Weise »v. Z.« – vor der bzw. nach der Zeitenwende. So stand es in den Geschichtsbüchern. Womit man stillschweigend zugeben mußte, daß mit Jesu Geburt doch die Wende der Zeit gekommen war.

Übrigens hat nicht nur Israel auf den Erlöser gewartet. Es gibt Theologen, die sagen: Das ist die Kraft Israels, die Kraft der Hoffnung, die in der messianischen Weissagung dieses Volk bis heute immer wieder hochgehalten hat in allen Stürmen und in allen Katastrophen, daß sie auf den warten, der da kommen soll. Aber es wird auch von Erich Sauer darauf hingewiesen, daß außerhalb der Bibel in der antiken Welt eine Erlöser-Erwartung war. Er nennt z. B. Vergil, den römischen Schriftsteller (er lebte im ersten Jahrhundert v. Chr.), der davon sprach, daß bald ein Knabe geboren wird und daß mit ihm das goldene Zeitalter und die Wiederherstellung der Welt kommt. Manche Passagen erinnern direkt an Jesaja 9 und 11, wo das große Friedensreich des Messias und das Tausendjährige Reich geschildert werden. Paulus schreibt in Galater 4,4: »Als aber die Zeit erfüllt war, sandte Gott seinen Sohn, geboren von einer Frau und unter das Gesetz getan, damit er die, die unter dem Gesetz waren, erlöste, damit wir die Kindschaft empfingen.«

Gottes Heil hat sich in der Menschwerdung, im Leben, im Leiden, im Sterben und in der Auferstehung und Himmelfahrt unseres Herrn und Heilandes erfüllt. Das ist das entscheidende Erlösungswerk geworden. Das ist der Neue Bund, der für alle Völker gilt, nicht nur für ein Volk, sondern: »Gehet hin in alle Welt und lehret alle Völker«, der Missionsbefehl.

Israels Weg und Zukunft

Ja, Israel ist zunächst verworfen worden. Es hat die große Stimme, den großen Ruf Jesu nicht gehört »Daß du doch erkennen würdest zu dieser deiner Zeit, was zu deinem Frieden dient«, klagte Jesus. In der großen Anklagerede gegen die Pharisäer, Matthäus 23, endet diese Rede in einem großen Klageruf: »Jerusalem, Jerusalem, die du tötest die Propheten und steinigst, die zu dir gesandt sind! Wie oft habe ich deine Kinder versammeln wollen, wie eine Henne ihre Küken versammelt unter ihre Flügel; und ihr habt nicht gewollt.« Genau wie bei

Stephanus: Ihr habt immer nur dem Heiligen Geist widerstrebt, ihr habt nicht gewollt.

Gott hat in seiner großen Weisheit dem Volk Israel nach der Kreuzigung Jesu noch einmal eine Bewährungszeit von 40 Jahren gegeben. Die Zahl 40 ist in der Bibel eine Zahl der Heimsuchung und Bewährung, sie kommt sehr oft im Alten und Neuen Testament vor. Hier sollten die Apostel noch einmal dem jüdischen Volk das Evangelium klarmachen und anklopfen, ob sich die Herzen nicht doch noch wenden würden. Aber es geschah nichts. Nachdem die 40 Jahre der Bewährung um waren, kam dann das Ende für das jüdische Volk. Im Jahr 70 n. Chr. zerstörten die Römer Jerusalem und den Tempel. Israel wurde als ein heimatloses und staatenloses Volk unter alle Völker der Welt zerstreut, aber nicht verworfen. Paulus schreibt in Römer 11, 29: »Gottes Gaben und Berufung können ihn nicht gereuen.« Wenn Gott einmal seine Hand auf jemanden legt, dann läßt er ihn nicht mehr fahren. Dies machte er auch mit diesem Volk. Er schloß einen ewigen Bund. Das hätte man eigentlich im christlichen Raum wissen müssen, dann hätte es diesen wahnsinnigen Antisemitismus mit seinen fürchterlichen Auswirkungen schon im Mittelalter bis in unsere Gegenwart nie gegeben. Israel ist das geliebte Bundesvolk, das noch einmal eine große Hoffnung haben wird. Trotz aller Verfolgung ist dieses Volk in seiner Eigenart, in seiner Sprache, in seiner Religion geblieben. Erich Sauer schrieb den Satz: »Jeder Jude ist ein wandelndes Geheimnis.« Man bedenke die Geschichte von Friedrich dem Großen und seinem Leibarzt, den er fragte: »Sage er mir kurz eine Begründung für die Wahrheit seiner Bibel.« Da sagte dieser: »Majestät, die Juden.« Das heißt: Schauen Sie sich die Geschichte der Juden an, sie sind bis zum heutigen Tag da. Dieses Geschlecht wird nicht untergehen, bis dieses alles geschehen ist. Das hat der große König anerkannt. Jeder Jude ist darum ein wandelndes Geheimnis.

Israel, auch das von Gott abgewichene Israel, hat eine große Zukunft. Hosea 3, 4–5: »Denn lange Zeit werden die Israeliten ohne König und ohne Obere bleiben, ohne Opfer, ohne Steinmal, ohne Efod (Efod = priesterliches Schulterkleid) und ohne Hausgott. Danach werden sich die Israeliten bekehren und den Herrn, ihren Gott, und ihren König David suchen und werden mit Zittern zu dem Herrn und seiner Gnade kommen in der letzten Zeit.« Das heißt: Wenn die Endzeit hereingebrochen ist und das Volk Israel und das Land Israel wieder in ganz großer Bedrängnis steht, weil es von seinen Nachbarn und vielen Völkern unterdrückt wird, dann wird ihm durch Gottes Hilfe das Licht und die Erkenntnis aufgehen, daß es etwas Unrechtes getan hat. Das wird uns im Propheten Sacharja 12,10 gesagt: »Aber über das Haus David und über die Bürger Jerusalems will ich ausgießen den Geist der Gnade und des Gebets. Und sie werden mich ansehen, den sie durchbohrt haben, und sie werden um ihn klagen, wie man klagt um ein einziges Kind, und werden sich um ihn betrüben, wie man sich betrübt um den Erstgeborenen.« Wenn die Not Israels am allergrößten ist und das Wasser bis zum Hals steht, dann werden sie den Herrn finden, aber nicht von sich aus, sondern nachdem Gott den Geist der Gnade und des Gebets ausgegossen hat, werden sie zu ihrem Herrn und Erlöser finden. Sie werden den, den sie verworfen haben, als ihren Messias und als den Heiland der Welt erkennen (siehe auch Röm 11,25.26). Israel wird einmal das Schlußlicht in der Kette der Völkerwelt sein. Wenn die Völker den Weg gefunden haben, wird auch das Eigentumsvolk seinen Weg zu Christus finden. Sacharja hat in seinem Buch – Kapitel 8,13 – geschrieben: »Wie ihr vom Hause Juda und vom Hause Israel ein Fluch gewesen seid unter den Heiden, so will ich euch erlösen, daß ihr ein Segen sein sollt . . .« – und er beschreibt sogar sehr drastisch (Kapitel 8, 23): »Zu der Zeit« – das wird im Tausendjährigen Reich sein, wenn Israel ein großes Missionsvolk werden wird – »werden zehn Männer aus allen Sprachen der Heiden *einen* jüdischen Mann beim Zipfel seines Gewandes ergreifen und sagen: Wir wollen mit euch gehen, denn wir hören, daß Gott mit euch ist.« Das wird das Ende sein, daß Israel seinen Weg auch noch zum Heil findet.

Weltmission – die große Herausforderung der Gemeinde Jesu

Für Erich Sauer sind die Gemeinde und die Mission die großen Brennpunkte im Evangelium wie in einer Ellipse. Das Kernstück Gottes in der Heilsgeschichte ist für ihn die Christusgemeinde, die Gemeinde der Gläubigen. Er erinnert an das Wort Jakobus 1,18: »Er hat uns geboren nach seinem Willen durch das Wort der Wahrheit, damit wir Erstlinge seiner Geschöpfe seien.« – Also, in der Gemeinde Jesu hat die neue Welt, der neue Himmel und die neue Erde schon begonnen, und die Gemeinde hat die große Verheißung, daß die Pforten der Hölle sie nicht überwältigen werden. Christus hat den Befehl zur Mission gegeben. Es geht nicht so, daß diese Welt einmal auf dem Weg einer immanenten Entwicklung christianisiert wird, sondern am Ende der Weltgeschichte –

ich zitiere: »steht keine Verchristlichung humanistischer Menschheitskultur, sondern die Weltherrschaft des Antichristen und darin die auf ihren Herrn wartende Gemeinde, die Schar der Herausgerufenen. Die Mission ist das Größte, was jetzt in der Welt geht. Sie ist eine Großmacht in Knechtsgestalt. Die Mission wird von vielen Leuten geringgeachtet, aber sie ist das Größte und Gewaltigste, eine Großmacht Gottes in niedriger Gestalt.« Ich glaube, es ist etwas Schönes, Schwestern und Brüder für den Missionsdienst in der Heimat oder auf dem Missionsfeld aussenden zu können und dabei zu wissen, daß wir sie nicht in ein Werk hineinschicken, das von Menschen gemacht ist oder durch Menschen untergeht, sondern daß es eine Stiftung Gottes ist, das Größte, was es in dieser Welt gibt.

In den zwanziger und dreißiger Jahren gab es in Gießen an der Universität einen Professor für Praktische Theologie Leopold Cordier, seine Vorfahren waren Hugenotten. In einem seiner Bücher schrieb er folgende Erinnerung nieder: Er gehörte zu den jungen Leuten, die vor ihrer Ordination standen. Zuvor waren sie mit einem ihrer Professoren zusammen – dies war zu Anfang unseres Jahrhunderts. »Meine Herren, geben Sie sich keiner Illusion hin; der Pfarrer von heute steht auf einem verlorenen Posten« – dies sagte einer der Professoren den jungen Männern vor ihrer Ordination zum vollzeitlichen Dienst. Es war unter dem Eindruck der materialistischen Kultur des Kaiserreichs gesagt. Professor Cordier schreibt dazu: »Man kann darüber streiten, ob das ein passendes Wort ist für Leute, die sich auf den Pfarrerberuf vorbereiten. – Ich habe während meiner Berufstätigkeit (Anm.: zuvor war er Pfarrer) in gewissem Sinn die Wahrheit gesehen, daß es ein heiß umkämpfter Posten in der Welt ist. Aber niemals hatte ich die Empfindung, auf verlorenem Posten zu stehen.« Dies möchte ich auch sagen. Ich glaube, daß bei einer Aussendung von Schwestern und Brüdern keiner der Verantwortlichen des aussendenden Missionswerkes zu ihnen sagen wird: »Ihr lieben Leute, ihr geht jetzt hin auf einen verlorenen Posten«, sondern sie werden ihnen sagen: »Ihr legt Hand an das Größte und Herrlichste, was es auf dieser Welt überhaupt gibt. Denn die Mission ist das Größte, was in der Welt vorgeht, eine Großmacht in Knechtsgestalt.« Jeder Christ ein Missionar – hat Erich Sauer gesagt –, jede Ortsgemeinde eine Missionsgemeinde. Wir sind keine Zuschauer, wir sind mit hineingenommen in die große Bewegung, die von Jesus ausgeht nach dem Wort, das er einmal sprach: »Handelt damit, bis ich wiederkomme!« (siehe Lk 19,13).

Elias Schrenk – der Pionier der Volksmission in Deutschland

Kindheit und Jugend

Am 16. September 1831 wurde er in Hausen bei Tuttlingen geboren. Der Vater war von Beruf Schneider und Landwirt, damit war noch ein Gemischtwarengeschäft verbunden. Er wird als frommer und tüchtiger Mann bezeichnet. Elias war etwa sechs Jahre alt, als sein Vater sehr schwer krank wurde; bereits fünf Jahre später wurde er von Gott heimgerufen. Das geplante Theologiestudium konnte nun aus wirtschaftlichen Gründen nicht stattfinden. Seine Mutter gab Elias dann in eine kaufmännische Lehre in Tuttlingen, die er vom 16. bis 21. Lebensjahr absolvierte; 1852 beendigte er diese. Danach war er eineinviertel Jahre lang Geschäftsleiter in einem Geschäft in Donaueschingen anstelle des inzwischen verstorbenen Inhabers. Dann aber kam in seinem Leben die große innere Wende: 1853 – im Alter von 22 Jahren – in Freiburg /Breisgau. Dort war ein großes Geschäftsunternehmen der drei Brüder Mez. Engere Beziehungen hatte er zu seinem Prinzipal Carl Mez. Dieser war ein gläubiger Mann. In Mailand hatte er die Seidenfabrikation erlernt und diese dann in den Schwarzwald verpflanzt, zumal es hier viele Arbeitslose gab. Das Geschäft blühte, zeitweise hatten sie 1000 Arbeiter. Das Besondere an ihm war, daß er seinen Glauben in einer sozialen Einstellung auslebte. Es gab in seiner Firma, was nicht überall der Fall war, Mitspracherecht, Gewinnbeteiligung und eine eigene Krankenversicherung.

Dazu hatte er noch ein Wohnheim für heimatlose Arbeiterinnen gebaut. In der Bürgerschaft stand Carl Mez in hohem Ansehen. Dies wurde z. B. daran erkennbar, daß er in dem Ort Tuttlingen (damals waren die Bewohner zu fünf Sechstel katholisch) als Kandidat für die Bürgermeisterwahl aufgestellt wurde. Carl Mez – ein Mann echten, lebendigen Christentums mit sozialer Tat und Gesinnung.

Sein Weg zum lebendigen Glauben

Elias Schrenk kam aus einem gut kirchlichen Elternhaus. Treu hielt man sich zu Gottesdienst und Abendmahl, auch wurden täglich Andachten gehalten. Im Gedächtnis blieb ihm, daß seine Großmutter abends immer an sein Bett kam und mit ihm den Vers betete: »Christi Blut und Gerechtigkeit, das ist mein Schmuck und Ehrenkleid . . .« Das war ja auch später der Inhalt seiner Predigt, denn gerade das reformatorische Anliegen, die Rechtfertigung des Sünders allein aus Glauben aufgrund des Verdienstes Christi und seines Erlösertodes hat er gerühmt und gepriesen: »Gnade, Gnade muß es sein, Gnade, Gnade ganz allein.« Dies hatte sich dem Jungen schon damals im Gebet der Großmutter eingeprägt. Aus seiner Kindheit berichtet er, daß einmal bei ihnen im Dorf eine Schulvisitation war, die der fromme Dekan Heim aus Tuttlingen durchführte. Dieser beeindruckte ihn sehr, er schildert den Dekan als eine geheiligte Persönlichkeit. Wie gesagt – äußere Kirchlichkeit war im Haus Schrenk, das hat er später nie verachtet. Er wußte, daß hier bewahrende Kräfte vorliegen, die vor Abgleiten in Leichtsinn bewahren, ein Schutzwall vor allem Bösen, im gewissen Sinn auch eine Vorstufe auf das kommende Heil und auch eine gewisse Kenntnis und Erkenntnis des göttlichen Wortes. Wenn wir heute unsere Zeit mit der im letzten Jahrhundert vergleichen, ist hier ein großer Wandel eingetreten, von dem wir nicht viel zu reden brauchen. Man spricht von einem Verfall der Werte. Daß keine letzten Haltsignale und Geländer mehr da sind, an denen sich der Mensch festhalten kann, das kommt daher, daß der Gottesglaube nicht mehr in unserem Volk verankert ist. Daher, wo nicht mehr Gott im Mittelpunkt steht, da lösen sich alle Bande – nach einem Zitat von Schiller in der »Glocke« – frommer Scheu, das Gute räumt den Platz dem Bösen, und alle Laster walten frei.

Aber es kam für Elias Schrenk zu einer großen inneren Wende im Hause Mez. An einem Abend war er bei seinem Prinzipal zum Abendessen in der Familie eingeladen. Dies war für ihn eine sehr große Ehre. Es war eine sehr nette Gesellschaft, eine fromme, natürliche Familie, in jeder Beziehung sehr gebildet. Es wurde eine Andacht gehalten, die ihn ansprach, und dann wurde kniend gebetet, nicht etwas Gemachtes, sondern ganz natürlich – alles hat diesen jungen Mann aufs tiefste beeindruckt. Als er nach Hause ging, sagte er sich: »Diese Leute haben, was du nicht hast und was du im Grunde genommen suchst.« Da hat Elias Schrenk etwas unternommen: Allen weltlichen Verkehr, mit dem er seither beschäftigt war, brach er ab und schloß sich bewußt gläubigen Kreisen an. Dies kann man als seine Umkehr ansehen, auch wenn er erst in den vollen Heilsglauben hineinwachsen mußte. Gottes Geist wirkte nun am Herzen dieses jungen Mannes: Unter dem Wort Gottes und der treuen Verkündigung erkannte er seine Verlorenheit, er erkannte das Heil in Christus, nahm seinen Herrn und Heiland im Glauben an und wurde ein gläubiger Christ. Aber seltsam, daß im selben Augenblick er auch den Ruf in die Missionsarbeit empfing. Dies lag bei ihm schon länger zurück. Er erzählt, in seinem Dorf Hausen gab es keine Gemeinschaft, aber in den Nachbarorten gab es lebendige Gemeinschaften. Er hörte immer wieder, daß da junge Männer waren, die ihren guten Beruf aufgaben, sich nochmals auf die Schulbank setzten und sich als Missionare ausbilden ließen, um in die Heidenwelt zu ziehen. Dies hatte ihn als Bub ungeheuer beeindruckt, daß es so etwas gab. Und das wollte er jetzt auch tun.

Missionar in Afrika

Wohin sollte er zur Ausbildung gehen? Damals gab es noch nicht so viele Möglichkeiten und Bibelschulen, es gab nur St. Chrischona und das Missionshaus in Basel. Die Liebenzeller Mission war noch nicht im schwäbischen Raum erschienen. Deshalb hat er sich kurzerhand im Dezember 1853 im Missionshaus zu Basel angemeldet. Dort war er vom 23. bis zum 28. Lebensjahr als – wie man damals sagte – »Missionszögling«. Das Zusammenleben mit den Kameraden auf engstem Raum war für ihn nicht leicht; hier hatte er anscheinend Probleme. Auch wenn man eines Sinnes ist und sich in Christus als Schwester und Bruder empfindet, so hat doch jeder Mensch seine verschiedenen Angewohnheiten und alles, was ihm von früher her anhaftet; so kann es immer wieder zu Reibereien und Mißverständnissen kommen. Das Einfügen muß ihm sehr schwergefallen sein. Einmal gebrauchte er den Ausdruck: Viel weniger Selbstüberwindung würde es ihn kosten, wenn man ihn anleiten müßte, einen Karren voll Mist durch die Stadt Basel zu fahren. Das wäre für ihn eine leichtere Sache als das tägliche Miteinander. Wahrscheinlich lernte er dies dann aber doch in der Schule Jesu. Im Baseler Missionshaus hatten sie in jeder Hinsicht eine gute Ausbildung, besonders in der Heiligen Schrift. Nach zwei Jahren schon durfte er praktische Dienste tun. 1858 hatte er in Davos / Schweiz einen lungenkranken Pfarrer vertreten. Am 5. Juni 1859 wurde er in der Kirche in Nagold zum Missionsdienst ordiniert. Sein Weg führte nach Westafrika, und zwar an die damalige Goldküste (seinerzeit britische Kolonie, heute der Staat Ghana). Mit einem Segelschiff reisten sie ab Bremen und trafen erst nach 53 Tagen an ihrem Bestimmungsort ein. Dies ist mit den heutigen Verkehrsverhältnissen überhaupt nicht vergleichbar. Vom 28. bis 41. Lebensjahr war Elias Schrenk dort an der Goldküste, dazwischen hatte er 1864 einen Heimaturlaub.

Mit großen Hoffnungen reiste er hinaus, um Zeuge des Herrn im Heidenland zu sein. Doch die Ankunft war sehr enttäuschend. Auf das Segelschiff kam ein Missionskaufmann, der zu ihm sagte: »Bruder, du bist zu mir als Gehilfe eingeteilt. Ich habe eine große Verwaltungsarbeit, du mußt auch Generalkassierer sein. Du bist gelernter Kaufmann, da kennst du dich aus in dieser Arbeit – also, das ist jetzt dein Dienst.« – Zunächst war Elias Schrenk verständlicherweise sehr enttäuscht, denn er wollte doch als Zeuge des Evangeliums dem Herrn dienen, und nun sollte er kaufmännische Arbeiten verrichten, die er genausogut auch in Deutschland hätte tun können. Hier erlebte er eine schmerzliche Spannung zwischen der Berufung und der Wirklichkeit. Diese Dienste hat er keinesfalls verachtet, auch die kleinen Dienste sind unbedingt nötig in jeder Missionsarbeit. – Hierzu einen anderen Vergleich: Auch Sänger und Schauspieler, die auf der Bühne stehen, wissen ganz genau, daß sie ohne alle die Menschen, die hinter den Kulissen arbeiten, in der Verwaltung usw., überhaupt nichts ausrichten könnten. So sind diese kleinen Dinge, wenn sie für den Herrn getan werden, Gottes- und Zeugendienst zugleich. »Alles, was ihr tut, das tut von Herzen als dem Herrn und nicht den Menschen« (Kol 3,23).

In seiner Freizeit, die auch da war, übernahm Elias Schrenk Predigtdienste und war Zeuge unter den Heiden. Die Goldküste hatte ein mörderisches Klima. Er machte das Schwarzwasserfieber durch, Krankheiten an Leber und Galle. Dazu kam die ungeheure Arbeitslast, die zu bewältigen war in den Verwaltungsdingen, in Predigtdiensten, so daß er nervlich und gesundheitlich über die Maßen überlastet war. Von jener Zeit schrieb er: »Nur ein Wunder der Gnade Gottes hat mich davor bewahrt, daß ich nicht völlig zugrunde gerichtet wurde.«

Im Jahr 1864 – im Alter von 33 Jahren – kam er in einen sogenannten Heimaturlaub. Doch war dies nur eine Fortsetzung des Dienstes auf anderer Ebene. Zunächst mußte er eine Kollektenreise durch England und Schottland unternehmen. Dabei lernte er Spurgeon, den großen Erweckungsprediger, kennen, empfing große Eindrücke von ihm. – Auch mit Professor Theodor Christlieb, einen Professor der Theologie und Gründer des »Johanneums«, der in diesem Jahr als Pfarrer an einer deutschen evangelischen Gemeinde in London tä-

74

tig war, trat er in Bekanntschaft. Von Theodor Christlieb empfing Elias Schrenk ganz entscheidende Impulse für seinen späteren Dienst. Nun sollte er sich in der Schweiz erholen. Er kam zu einer Familie Graf in Heiden, Kanton Appenzell. Dort traf er Menschen, die sich täglich zu einem Bibelkreis versammelten, und hier wirkte er mit. Aber dadurch erweiterte sich der Bibelkreis, es kamen viele Menschen hinzu. Später sagte er: »Das war die Geburtsstunde der Evangelisation.« Hier merkte er, daß Menschen, die Tag für Tag unter dem Wort Gottes sind und dabei innerlich warm werden, angesprochen werden. Da ging ihm auf, was es heißt, Menschen für ein oder zwei Wochen unter das Wort Gottes zu bringen und sie anzusprechen. Das Haus Graf war schließlich so überfüllt, daß die Leute auf den Treppen saßen und er ganz oben auf der Treppe stand, um überhaupt alle mit seiner Stimme zu erreichen.

Im November 1865 – er war jetzt 34 Jahre alt – kehrte er zu seinem Dienst an die Goldküste zurück. Aber diesmal reiste er nicht allein, sondern er hatte sich inzwischen mit Berta Tappolet (1842 geboren), einer Pfarrerstochter aus Zürich, verheiratet. Das Ehepaar reiste an die Goldküste – aber es kam wieder eine schwere Enttäuschung. Wieder hieß es, er solle jetzt Generalkassierer werden, und eine große Verwaltungsarbeit wartete auf ihn. Da ihm dies zu viel war, sandte er eine Eingabe an die Missionsleitung nach Basel. Da diese dort einsichtig war, bekam er nun einen Gehilfen, der ihn teilweise entlastete, so daß Elias Schrenk jetzt mehr Verkündigungsdienste tun konnte. Auch hier wirkte er im Segen. Doch stellten sich wieder die Tropenkrankheiten ein. Bereits fünf Tage nach der Ankunft überfiel ihn ein heftiges Gallenfieber. Auch seine Frau erkrankte, so daß beide zu Bett lagen und keiner dem anderen helfen konnte.

Im Mai 1872 trat die Familie – sie hatten zwei Kinder, ein Sohn war bereits verstorben – in seinem 41. Lebensjahr die Heimreise an. Nach dreizehn anstrengenden, aber auch gesegneten Jahren wollten sie den Missionsdienst an der Goldküste für immer abschließen.

Bahnbrecher der Evangelisation in Deutschland

Nach der Rückkehr vom Missionsfeld war Schrenk nun für ein Jahr Kurpfarrer in Davos. Hier hatte er bereits früher einmal einen Pfarrer vertreten. Dann war er nochmals neun Monate in England. Anschließend setzte ihn die Basler Missionsleitung als Missionsprediger in Frankfurt/Main und Umgebung ein, und zwar von 1875 bis 1879, d. h. in seinem 45. bis 48. Lebensjahr. Dort wirkte er in großem Segen. Eine Frucht seines Wirkens wird uns interessieren, es war die Personal-Gemeinde Nord-Ost in Frankfurt/Main, also eine Gemeinde, die nicht eine Parochie, d. h. räumlich abgegrenzt war, sondern die Anhänger dieser Gemeinde, die aus dieser Erweckung stammten, waren über die ganze Stadt Frankfurt/Main verteilt. Der frühere theologische Lehrer, Herr Pfarrer Gottwaldt, (er kam 1963 nach Bad Liebenzell für seinen tätigen Ruhestand und konnte noch für etwa zwanzig Jahre den Dienst des theologischen Unterrichts am Missionsseminar durchführen) war zuvor dort tätig.

Dann wurde 1879 Elias Schrenk von der Evangelischen Gesellschaft in Bern als Prediger berufen, wo er noch fünf Jahre wirkte. Diese Jahre waren gewissermaßen eine Vorbereitung auf seine eigentliche Lebensaufgabe, die nun begann. In seinem Heimaturlaub als Missionar hatte er in Heiden in der Schweiz erkannt, wie wichtig eine gesammelte Predigttätigkeit während einer Woche – das Wort »Evangelisation« kannte man damals noch nicht – war, welche Notwendigkeit und Segen eine solche Arbeit in sich barg.

Als Elias Schrenk dreiundfünfzig Jahre alt war, erreichte ihn der Ruf nach Deutschland durch Professor Dr. Theodor Christlieb, der Praktische Theologie in Bonn lehrte und mit Schrenk zusammen der Mitbegründer des »Johanneums« war. Bereits 1864 hatten sie sich in London kennengelernt. Professor Christlieb verbrachte seinen jährlichen Urlaub im Kanton Bern. Dort traf er auf Schrenk und gab ihm die Einladung: »Komm doch herüber nach Deutschland und hilf uns!« – wie in Apostelgeschichte 16 von Paulus berichtet wird, daß er in der Nacht eine Erscheinung sah und diese Bitte hörte. So kam der Ruf von Professor Christlieb an Elias Schrenk.

1886 verließ Elias Schrenk die Arbeit in Bern. Seine Familie war inzwischen auf acht Kinder angewachsen, später kam ein neuntes dazu. Er ging nun – menschlich gesehen – ungesichert im Alter von fünfundfünfzig Jahren als freier Evangelist nach Deutschland. Gott gab ihm damals die Gnade, daß er noch fast dreißig Jahre wirken konnte.

Sein Verkündigungsdienst

Das Wort Evangelisation hat seinen Ursprung im Griechischen: evangelizo – ich verkünde eine gute Botschaft, eine gute Nachricht, trage eine gute Botschaft in diese Welt. Das wollte Elias Schrenk tun: die Botschaft von Jesus, von der freien Gnade Gottes verkünden. Er glaubte, daß er im Raum der Kirche die beste Wirkungsstätte hätte. Hier konnte er noch ganz große Volkskreise erreichen – und das wollte er auch. Er fühlte sich berufen, allen das Evangelium zu verkündigen. Erstens einmal wollte er die Fernstehenden, die von der kirchlichen Verkündigung überhaupt nicht erreicht wurden, ansprechen. Aber auch die Kirchenleute. Das normale »Kirchenchristentum« – wie es sich so entwickelte – hat er nicht verachtet, sondern darin eine Vorstufe gesehen, etwas Bewahrendes für die Menschen vor vielem Bösen und auch die Möglichkeit, daß Menschen schon das Wort Gottes näher kennenlernten. Aber er dachte auch an die Gemeinschaftskreise. Einmal sagte er, es gäbe auch in den Gemeinschaftskreisen Geschwister, die noch nicht zur vollen Heilsgewißheit hindurchgedrungen seien.

Der Inhalt seiner Verkündigung war nach 1. Korinther 2,1 – wo Paulus schreibt: »Auch ich, liebe Brüder, als ich zu euch kam, kam ich nicht mit hohen Worten und hoher Weisheit euch das Geheimnis Gottes zu verkündigen. Denn ich hielt es für richtig, unter euch nichts zu wissen als allein Jesus Christus, den Gekreuzigten.« – Darum ging es ihm: um das Kleinod der Reformation, die totale Verlorenheit des Menschen, die Versöhnung, die am Kreuz geschehen ist durch das einmalige Opfer unseres Herrn, die man sich im Glauben persönlich aneignet. Die Rechtfertigung – sola gratia – allein aus Gnade; sola fide – allein im Glauben, der keine Werke aufzuweisen hat: »Nichts hab ich zu bringen, alles, Herr, bist du!« Aber diese Rechtfertigung bedeutet nun nicht, daß ich dankbar bin wie ein freigesprochener Angeklagter, der jetzt den Gerichtssaal verläßt und sagt: »Mit dem will ich nie mehr was zu tun haben.« So kann man vom Thron Gottes und von der Gerechtsprechung nicht weggehen, sondern der Herr will die, die er mit seinem Blut erkauft hat, auch in großer Liebe und Dienstbereitschaft an sich binden. Eine Lebensverbindung mit Jesus – das hat Elias Schrenk immer wieder betont. So wie wir es ja auch im Kleinen Katechismus Luthers lesen, in der Erklärung des zweiten Artikels: Ich glaube, daß Jesus Christus wahrhaftiger Gott, vom Vater in Ewigkeit geboren, wahrhaftiger Mensch von der Jungfrau Maria geboren, *sei mein Herr,* der mich verlorenen und verdammten Menschen erlöst hat, erworben von allen Sünden, von der Gewalt des Teufels, nicht mit Gold oder Silber, sondern mit seinem heiligen und teuren Blut und mit seinem unschuldigen Leiden und Sterben, auf daß ich nicht mehr mir selbst lebe, sondern *auf daß ich sein eigen sei und ihm diene.* So wie es auch Spitta in einem Lied singt:

Sollt ich dem nicht angehören,
der sein Leben für mich gab?
Sollt ich ihm nicht Treue schwören,
Treue bis in Tod und Grab.

Schrenk wies darauf hin, daß das Evangelium und der Glaube nicht eine Verschönerung und Bereicherung unseres Lebens ist, sondern daß er notwendig ist für unser Schicksal in Zeit und Ewigkeit. Er sprach von der Möglichkeit, daß der Mensch in der Verlorenheit, in der Gottesferne endet. Dies stellte er sehr ernst dar. Er drängte die Menschen nicht und bedrohte sie nicht, aber er sagte zum Beispiel den Satz: »Wer im Unglauben den verwirft und ablehnt, den Gott zum Heil und zur Errettung sandte, der fällt hoffnungslos der Verdammnis anheim.« Damit will er sagen: Wer in der Entscheidung genau sieht, worum es geht, aber dann ein klares Nein dazu sagt, und bei diesem Nein bleibt bis in die Todesstunde hinein, ja – dann sind die Hoffnungen verloren. Er drohte nicht mit der Hölle, mit der Angst, denn er wußte, daß dies keine legitime Missionsmethode ist.

Vor einigen Jahren brachte ich einmal das Lebensbild Johann Albrecht Bengels, der sich um den neutestamentlichen Text durch Vergleich der vielen Handschriften sehr verdient gemacht hatte – er war eigentlich der Schöpfer dieses wissenschaftlichen Zweiges –, der sagte einmal in einer Predigt: »Das Drängen und Drohen ist nicht des Heilandes Art gewesen. Es ist besser, wenn die Tauben freiwillig in den Schlag fliegen, als daß man sie mit Gewalt herbeihole.« – Und als weiterer Vergleich aus der Vogelwelt (Matthäus 23) ein Wort unseres Herrn: Jesus spricht in großer Trauer über Jerusalem: »Wie oft habe ich deine Kinder versammeln wollen, wie eine Henne ihre Küken versammelt unter ihre Flügel; und ihr habt nicht gewollt!« Das steht über einem Leben, das das angebotene Heil in Jesus Christus ablehnt. Ihr habt nicht gewollt!

Ein kleiner Exkurs in die Gegenwart:

Wie denkt man nun heute über Verdammnis, Hölle und Verlorenheit? Am 5. April 1994, am Osterdienstag, wurde im Hessischen Fernsehen Hessen 3 die Sendung »Horizonte« ausgestrahlt – in dieser Sendung werden immer kirchliche Themen behandelt –. Das Besondere war: »So ihr Leute, jetzt dürft ihr einmal eure Obersten fragen, Fragen stellen, welche ihr wollt.«

Da waren zwei Kirchenführer vertreten aus dem hessischen Raum, von der evangelischen Seite ein maßgebender Theologe der evangelischen Kirche in Hessen und Nassau und von katholischer Seite der Weihbischof von Limburg. Es wurden viele alberne und nebensächliche Fragen gestellt, jedoch nur eine einzige Frage zum Glaubensleben: die Frage nach der Hölle – wie es mit Gottes Gerechtigkeit und Barmherzigkeit zu vereinbaren sei, daß es eine ewige Verdammnis gibt. Der evangelische Theologe sagte – als Auffassung der heutigen Kirche und der herrschenden Theologie: »In meiner Theologie gibt es keine Hölle. Die Verdammnis kommt darin nicht vor!« – Begründung: Gott ist barmherzig, er hat die Welt in Christus mit sich selber versöhnt und in einer mit Gott versöhnten Welt kann es keinen Ort der Verdammnis mehr geben. Und zum anderen: Gott verlangt von uns, daß wir bedingungslose und unbegrenzte Vergebungsbereitschaft zeigen, für alle Menschen, auch für die, die uns das Schlimmste und Schwerste antun. Wenn er das von uns verlangt, wie verhält er sich dann zu seinen Feinden, er, der Barmherzige, der Herr der Herrlichkeit? Nicht vorstellbar, daß er von den Menschen solches verlangen kann, aber selbst Menschen verdammt. – Der Bischof von Limburg sagte – wörtliches Zitat: »So leicht kann ich es mir aber nicht machen. Gott hat für unsere verlorene Welt in Jesus Christus Erlösung, Heil und Rettung geschaffen. Dazu muß der Mensch Stellung nehmen, er ist in die Entscheidung gestellt. Aufgrund unserer Freiheit können wir uns für ein Ja oder Nein entscheiden, für Pro oder Kontra. Entscheiden wir Menschen uns für ein Nein gegen Gott, dann wollen wir die Gottesferne, dann bleiben wir, wenn es sich nicht ändert, nach dem Tod fern von Gott, in der

Gottesferne. Und meine verehrten Hörer und Zuschauer – sagte er im Fernsehen – die Hölle, das ist die Gottesferne. Gott verurteilt keinen Menschen, weil er nicht vergebungsbereit wäre, zur Hölle, sondern der Mensch wählt das eigene Schicksal, seine Wahl wird von Gott respektiert. Wenn der Mensch sagt, ich will von diesem Gott nichts wissen und nichts mit ihm zu tun haben, dann wird ihm das zuteil, was die Konsequenz ist.«

Als ich im Oktober 1964 »Schulanfänger« war und mit dem Schuldienst am Theologischen Seminar in Bad Liebenzell begann, fand im selben Monat in Pforzheim eine Evangelisation statt. Der Jugendpfarrer Wilhelm Busch, den man als Verkündiger dazu eingeladen hatte, war eine gern gehörte Persönlichkeit. Drei Wochen vor seinem Heimgang im Jahre 1966 war Pfarrer Wilhelm Busch in Bad Liebenzell als Redner beim Pfingstmissionsfest im großen Zelt. Anschließend reiste er in die damalige DDR. Auf der Rückreise wurde er in Lübeck von einem plötzlichen Herzinfarkt ereilt. Seine Bücher sind auch heute noch bekannt und werden immer noch gern gelesen – sie sind taufrisch wie am ersten Tag. Zurück zu den Vorträgen in Pforzheim. An einem Abend sprach er von der Hölle: »Es fällt mir doch auf, daß keiner in der Bibel so viel, so oft und so ernst von der Hölle spricht wie Jesus Christus. – Er mußte es ja auch wissen, wie es da »drüben« aussieht. Auch wir gehen heute immer zum Fachmann: Wenn ich Brot benötige, gehe ich zum Bäcker, nicht zum Schmied. Wenn ich etwas von der Ewigkeit wissen will, gehe ich zu Jesus.« Busch definierte die Hölle »als den Ort, wo Gott nicht mehr hinsieht«. – Der vorher erwähnte katholische Theologe sagte, die Hölle ist die absolute Gottesferne. Hier sind die Akten geschlossen, die Würfel sind gefallen, es ist nichts mehr zu ändern, das ist die letzte Entscheidung des Menschen.

Dies habe ich zwischendurch als Beispiel aus unserem 20. Jahrhundert gebracht zu dem, was im letzten Jahrhundert Elias Schrenk darüber sagte.

Schrenks Predigt wurde allgemein anerkannt. Eine damalige theologische Zeitschrift schrieb folgendes über seine Predigt: »Nichts in seiner Rede ist Floskel, Beiwerk oder Phrase. Alles hat Kraft und Inhalt. Seine Rede ist kernig und gedrungen. Er geht seelsorgerlich auf die Gewissen los. Mit manchmal sehr einfachen, aber auch den Gebildeten packenden Sätzen.«

Nun gab es natürlich auch Widerstand, Widerstand gegen die Evangelisationsarbeit. 1887 wurde Elias Schrenk nach Hamburg eingeladen zum Evangelisieren. Aber die meisten Pfarrer lehnten ihn ab. Schrenk sagte: »Schaut euch das doch einmal an: Die Stadt Hamburg hat 450.000 Menschen, und sonntags gehen 5000 zu den Gottesdiensten – aufgrund der vorhandenen Statistiken weiß man das –. Beim Umrechnen ist das 1 %. Das heißt, wenn sonntags die Glocken läuten, macht sich ein einziger auf von hundert und geht zum Gottesdienst, und die anderen 99? – Jesus sagte einmal: ›Wo sind die neun?‹« Heute kann man fragen: Wo sind die 99? – sie bleiben zu Hause. Wenn man die Zahl 5000 als absolut nimmt, muß man sagen, es gibt immer noch Menschen, die sich unter Gottes Wort versammeln. Aber andererseits: Keine Partei könnte es wagen, Sonntag für Sonntag die Anhänger einzuladen und ihnen das Programm zu erklären, abgesehen vom Bundeswahlkampf in seiner heißen Phase, da kann man die Leute mobilisieren, weil es um die Wahl geht. Jedoch normalerweise würde es keine Partei hinbringen, 1 % der Bevölkerung einer Stadt Sonntag für

Sonntag zu versammeln und ihnen das Parteiprogramm zu erklären. Aber für eine Christengemeinde ist es doch ein Armutszeugnis, wenn das Wort Gottes, das Heil Gottes verkündigt wird, und nur 1 % nimmt daran teil.« Das erschütterte Elias Schrenk sehr. Damals war es in den Großstädten so, heute ist es weithin so. Daran ist – das sagte bereits Elias Schrenk – die sogenannte »Tauf-wiedergeburt« schuld, die auch von positiven Pfarrern vertreten wird. Es formulierte mal jemand so (mir ist leider nicht bekannt, wer es war): »Die Taufwiederge-burt ist der Todfeind aller Evangelisation und Mission.« Dabei wird gesagt: Die Menschen haben sich ja alle auf Golgatha bekehrt, weil Gott sich zu uns bekehrte – das wird uns in der Taufe zugesprochen. Damit ist im Grund genommen alles geschehen: Das getaufte Kind ist ein Gotteskind und ein Erbe des ewigen Lebens. Ein Ruf zur Umkehr ist nicht nötig. Ein Dekan sagte einmal zu mir: »Warum sollen die Leute gerettet werden, sie sitzen doch alle in der Rettungsarche drin. Seit Golgatha sitzen sie doch drin, in der Taufe ist es ihnen persönlich versi-chert; sie wissen es nur nicht, wir müssen es ihnen sagen, woran sie sind; wir müssen sie aktivieren, nicht zur Umkehr aufrufen, die ist längst geschehen in der Taufe. Wir müssen ihnen sagen, seid doch endlich einmal das, was ihr seit der Taufe eigentlich schon seid. Werdet aktiv, laßt eure Gleichgültigkeit gegenüber dem Wort Gottes und versucht, als Christ in neuen Lebensbezie-hungen zu leben.« – Wenn das den Menschen gesagt wird, brauchen wir keine Evangelisationen mehr!

Nach Artikel 9 der »Augsburgischen Konfession« (1530) wird in der Taufe das Heil, die Gnade lediglich angeboten (gratia offeratur). Ein Angebot muß jedoch bewußt ergriffen und angenommen werden.

Sein Seelsorgedienst

Elias Schrenk wußte, daß bei manchen Menschen, vielleicht sogar bei vielen, die Verkündigung allein noch nicht ausreicht. Darum richtete er überall tägliche Sprechstunden ein für persönliche Seelsorge bis zu fünf Stunden am Tag. Dennoch wollte er die Leute nicht an sich binden, sondern nur Wegweiser auf Christus und »Geburtshelfer« sein. Pastor Hans Bruns prägte diesen Begriff. Dieser fühlte sich dazu berufen, alle Menschen anzusprechen, besonders bei seinen vielen Reisen mit der Bahn. Auf die Frage nach seinem Beruf, meinte er – um nicht gleich mit dem Begriff »Pastor« zu brüskieren –, er hätte drei Berufe: »Ich bin Brandstifter, Brückenbauer und Geburtshelfer. Ich werfe den Feuerbrand des Evangeliums in die Seelen! Dann baue ich Brücken von den Menschen hin zum lebendigen Gott, und wenn sich neues Leben regt, bin ich Geburtshelfer, damit ein neuer Mensch geboren wird.« Das sind ja eigentlich die Berufe eines jeden Evangelisten. Dies war Elias Schrenk in gewissem Sinn auch.

Außerdem hatte er die Gabe der Krankenheilung, dies will ich nur kurz erwähnen. Er legte nicht viel Wert auf die Veröffentlichung. Während seiner Zeit als Missionskandidat in Basel hatte er als 26jähriger ein schweres Rücken- und Nervenleiden. Damals ging er zu Dorothea Trudel, die in Männedorf am Zürichsee wirkte, in die Seelsorge. Sie nahm ihn »scharf in die Fuchtel«, und legte ihm, dem »Herrn Missionsschüler und Missionskandidat« (wie sie ihn anredete), drei Tage hintereinander die Hände auf mit Glaubensgebet. Tatsächlich erlebte er Besserung und Heilung. Dies gab er später gelegentlich auch weiter, aber er heilte nicht alle. Er war frei von jeder Schablone, frei von jeder Schwarmgeisterei, er wollte keine Krankheit »wegbeten«, sondern nach Jakobus 5 verfahren. Er sagte sich, wenn die Krankheit bleibt, kann sie göttliches Erziehungsmittel sein, und wir können Gott verherrlichen, indem wir Heilung erfahren, aber genau so gut, wenn wir in Geduld unser Leiden tragen.

Übrigens hatte er einen ganz prominenten Patienten in Calw. Es war Frau Maria Hesse, die Mutter des bekannten Dichters Hermann Hesse. Im Alter von 52 Jahren litt sie an Knochenerweichung und war bettlägerig, fast hoffnungslos. Elias Schrenk evangelisierte damals in der Kirche zu Calw. Diese Kirche war so gefüllt, daß es keinen Stehplatz mehr gab. Durch mehrmalige Handauflegung und Glaubensgebet hat er ihr Linderung und völlige Heilung verschafft. Adele Gundert schrieb dies in dem Büchlein »Maria Hesse – ein Lebensbild«, das 1940 erschienen war.

Die weitere Wirksamkeit

Elias Schrenk war Kirchenmann, aber zugleich auch ein Gemeinschaftsmann. Er gehörte zu den Gründern der Gnadauer Konferenzen und des Gnadauer Verbandes. Von der Volkskirche sagte er, daß sie ein großer Segen ist und auch ein Segen für das Volk. Dies war sie damals, trotz der liberalen Theologie. Wilhelm Busch sagte einmal, er liebe diese Kirche, obwohl er sie in der Knechtsgestalt sieht. Sie war durch Gottes Gnade Segensträger in den letzten 450 Jahren, das dürfen wir nicht vergessen. Wir können nur beten, daß etwas anderes darin zustande kommt.

Neben seinen Evangelisationen hielt er Vorträge; er wurde sehr oft zu Diensten gerufen: zum Beispiel bei den Gnadauer Pfingstkonferenzen, Blankenburger Konferenzen, Tersteegensruh-Konferenz in Essen-Mülheim, hielt Bibelkurse für die Prediger der »Evangelischen Gesellschaft in Deutschland«. Als er von Bern kam, nahm die Familie ihren Wohnsitz in Marburg, später in Wuppertal. Bis ins hohe Alter war Elias Schrenk tätig.

Aus seinem Familienleben noch einiges: Dem Ehepaar Schrenk wurden neun Kinder geschenkt. Es war ein christlich geprägtes, fröhliches Familienleben, schlicht und bescheiden, aber man lebte herzlich miteinander, man feierte alle Feste in fröhlicher Weise. Der Höhepunkt der Woche war der Sonntag-Nachmittag-Spaziergang, an dem die ganze Familie teilnahm. Auch hatten sie viele Freunde, teilweise waren diese begütert, so daß sie der großen Familie jedes Jahr einmal eine Urlaubsreise finanzierten.

In der Lebensbeschreibung steht, daß Elias Schrenk mit seiner Familie zweimal in Bad Liebenzell auf dem heutigen Missionsberggelände zum Urlaub in der »Pilgerhütte« einkehrte. Leider sind die Jahre nicht aufgezeichnet, so daß sich nicht feststellen läßt, ob das Werk der Liebenzeller Mission schon da war oder ob es noch zur Zeit von Schwester Lina Stahl, einer Stuttgarter Diakonisse, war, die dafür betete, der Herr wolle aus der vor ihrem Zimmerfenster liegenden Anhöhe einen »feuerspeienden Berg« machen. Sie meinte damit: Ein geistlicher Vulkan möge auf dem Berg entstehen, von dem Ströme des Segens in alle Welt hinausgehen sollten. Die Stuttgarter Diakonissen-Schwesternschaft betrieb damals in der sogenannten »Schlayerburg«, die auf einem angrenzenden Grundstück des heutigen Missionsberg-geländes der Liebenzeller Mission steht und nicht deren Eigentum ist, ein Gästehaus und benützte auch die »Pil-gerhütte«, die heute zum Inventar der Mission gehört, zur Unterbringung von Gästen. Schwester Lina Stahl war verantwortlich für die Gäste beider Häuser und setzte sich für diese voll ein, so daß sie, wenn es Not war, selbst auf ihr Bett verzichtete.

Seine Frau war ihm eine unermüdlich wirkende, treue Gattin und eine gute Mutter ihrer Kinder – wie es in den Sprüchen Salomos 31 heißt unter der Überschrift »Lob der tüchtigen Hausfrau«, daß sie morgens die erste, abends die letzte im Haus war (Spr 31,15–18).

Elias Schrenk berichtet einmal, daß eine übereifrig fromme Frau fragte: »Ihre Frau muß doch mitgerissen sein, wenn sie an der Seite eines solchen Mannes steht. Was tut sie denn für die Reichs-Gottes-Arbeit?« Seine Antwort lautete: »Neun Kinder!«

Frau Schrenk überlebte ihren Gatten um sieben Jahre und wurde 1920 in die Ewigkeit abgerufen.

Schrenk war ein demütiger Mann. Es gab aber auch besorgte Brüder, die sagten: »Du bist immer in vollen Kirchen. Du hältst große Männerversammlungen mit 3000 bis 4000 Teilnehmern! Steigt dir das nicht in den Kopf? Der Hochmut ist doch für deinen Gnadenstand ein Schaden!« Seine Antwort war: »Wenn ich an die Bekehrung und an die Sorge um die Bekehrung meiner neun Kinder denke, dann werde ich in der Demut gehal-ten.«

Die heißen Gebete um jedes Kind waren nicht vergeb-lich; sie wurden alle, auch äußerlich gesehen, tüchtige Menschen. In seinem Lebensbericht ist aufgezeichnet: drei Söhne wurden Theologen im Kirchendienst, drei

Töchter waren mit Theologen verheiratet, ein Sohn wurde Professor für neutestamentliche Wissenschaft und zwei weitere Söhne waren Ärzte.

Im Jahr 1912, im Alter von 81 Jahren, zog er nach Bethel, wo einer seiner Söhne theologischer Lehrer war. Aber auch dort war er, so weit es möglich war, immer noch tätig. Er litt an einem schweren Blasenleiden, das dann zu einer Vergiftung führte, dazu kam noch Magenkrebs. Am 21. Oktober 1913, im Alter von 82 Jahren wurde er im Glauben an seinen Herrn und Erlöser heimgerufen. Er liegt auf dem Friedhof bei der Zionskirche beerdigt. Auf dem Grabstein stehen die Worte aus Offenbarung 7,14: »Diese sind's, die gekommen sind aus der großen Trübsal und haben ihre Kleider gewaschen und haben ihre Kleider hell gemacht im Blut des Lammes.«

Zum Schluß ist folgendes zu sagen:

Elias Schrenk wurde eine gesegnete Wirksamkeit geschenkt. Tausenden konnte er in seinen Sprechstunden, im Schriftverkehr seelsorgerliche Hilfe geben. An vielen Orten sind durch ihn und seine Dienste Gemeinschaften und Stadtmissionen entstanden, zum Beispiel die Nord-Ost-Gemeinde in Frankfurt/Main, die heute noch besteht.

Abschließend kann man sagen: Elias Schrenk war ein Mann des Glaubens. Er traute seinem Gott Großes zu, und hat auch immer wieder Großes und Staunenswertes erlebt. Er war ein Mann des Gebetes, der alle seine Nöte im Gebet vor Gott brachte, denn er wußte, das Gebet bewegt den Arm Gottes. Wenn er einen Text auslegen sollte, hat er über ihm gebetet, ging betend zur Kanzel und zum Vortragspult. Er war auch ein Mann der Demut. Nur eine Stimme wollte er sein, das hörte er einmal beim

Evangelisten Moody. Hier ist an Johannes den Täufer zu erinnern (Joh 1,19f.), der auf die Frage der Pharisäer nach seiner Herkunft antwortete: »Ich bin eine Stimme eines Predigers in der Wüste: Ebnet den Weg des Herrn!« Nur eine Stimme, ein Rufer zu Jesus wollte er sein!

Dann sagte er auch folgendes: Wenn Menschen bei mir zur Bekehrung kommen, denke ich immer daran, daß andere schon vor mir säten, und daß hier vielleicht das Letzte geschieht. Er wußte, daß es treue Eltern, treue Pfarrer und Lehrer gibt, die an den Kindern gearbeitet haben, und wenn es dann zum Durchbruch des Glaubens kam, sagte er: Das ist nicht mein Werk allein. Er wollte nicht, daß sich Menschen an ihn binden.

Einmal sagte er ein Gleichnis von Spurgeon: Wenn in einem dunklen Zimmer Menschen sind und ein Diener kommt herein, stellt eine Lampe auf den Tisch und geht dann wieder hinaus, dann hängen sich die Leute nicht an den hinausgehenden Diener, sondern sie freuen sich, daß ihnen das Licht leuchtet. So wollen wir als Prediger des Evangeliums Wegweiser auf Jesus sein. »Bereitet dem Herrn den Weg.«

Wilhelm Busch sagte einmal, Evangelisten und alle, die in der Ausbildung zum vollzeitlichen Dienst im Reich Gottes stehen, ja, wir Christen überhaupt, sollten es uns in Herz und Sinn schreiben: »Unsere Aufgabe besteht darin, die Gassen dieser Welt mit dem Geschrei von Jesus zu erfüllen.« Das ist unsere Aufgabe, die wir mit unseren Kräften, die Gott uns schenkt, tun wollen in seinem Namen: Die Gassen dieser Welt mit dem Geschrei von Jesus erfüllen.

Weitere Bücher vom Autor:

Karl Launhardt schildert in drei Bändchen kurzweilig die Lebensgeschichte bekannter Personen von Andreä bis Modersohn und Stockmayer und Schlatter. Namen, die eigentlich für sich sprechen. Das Besondere dieser drei Taschenbücher: Sie bringen kurz und treffend jeweils sechs bis sieben Lebensgeschichten.

Große Namen kurz skizziert – 1

U. Zwingli, K. Schwenckfeld, Ph. J. Spener,
D. und H. Rappard, A. Schlatter,
144 Seiten, Tb, Nr. 470 656
(leider vergriffen)

Große Namen kurz skizziert – 2

Ph. Melanchthon, J. Andreä,
M. Kähler, E. v. Tiele-Winckler,
E. Modersohn
136 Seiten, Tb. Nr. 470 689

Große Namen kurz skizziert – 3

J. Calvin, M. Durand,
J. A. Bengel, O. Stockmeyer,
K. Heim
128 Seiten, Tb, Nr. 477 607

Joachim Kleemann (Hg.)
Der Zettel vom Himmel
96 Seiten, Bestell-Nr. 477 760

Bürgerkrieg im Land der Freiheit. Schatten des Golfkrieges in Bangladesh. Schiffbruch mit dem nagelneuen Missionsboot. Missionsstation abgebrannt. Ärger mit dem einheimischen Chef. Missionaren bleibt nichts erspart. In wahren Geschichten aus ihrem Leben zeigen Missionare in diesem Buch, wie Gott auch auf den unmöglichen Wegen richtig führt. Und daß er ihnen genau den richtigen Job gegeben hat.

Dietrich Witt
Mit Gott rechnen
Kurzgeschichten
176 Seiten, Bestell-Nr. 477 733

Diese Kurzgeschichten bereichern Ihr Leben. Jede Betrachtung zeigt, daß es sich lohnt, in allen Situationen mit Gott zu rechnen. Wenn man dies tut – hat man sich nicht verrechnet. Der Lesestoff fürs Krankenhaus oder Nachttisch. Aber auch beim Vorbereiten der Bibelarbeit finden Sie in diesem Buch die passende Geschichte. Selbst als Andachtsbuch – für jeden Tag eine Betrachtung – eine Bereicherung. Eine Fundgrube mit Tiefgang.

Bitte fragen Sie in Ihrer Buchhandlung nach diesen Büchern!